CRITIQUES

SUR L'EXPLOITATION DES

CHEMINS DE FER

Les voies anciennes. — Les voies nouvelles. — Origine des concessions et organisation des Compagnies. — Les Ingénieurs. L'exploitation. — Les abus, les vices. — Contrôle. — Considérations générales. — Conclusion.

PAR

LOUIS JOURDAN

(DE MIRAMAS)

Ceci n'est ni un pamphlet, ni un libelle,
c'est la vérité distillée goutte à goutte.

L. J.

PARIS

LIBRAIRIE LE CHEVALIER, RUE RICHELIEU, 61.

1869

CRITIQUES

SUR L'EXPLOITATION

DES CHEMINS DE FER

Imprimerie DUFOUR et Cie, impasse Bonne-Nouvelle, 5.

CRITIQUES

SUR L'EXPLOITATION DES

CHEMINS DE FER

Les voies anciennes. — Les voies nouvelles. — Origine des concessions et organisation des Compagnies. — Les Ingénieurs. L'exploitation. — Les abus, les vices. — Contrôle. — Considérations générales. — Conclusion.

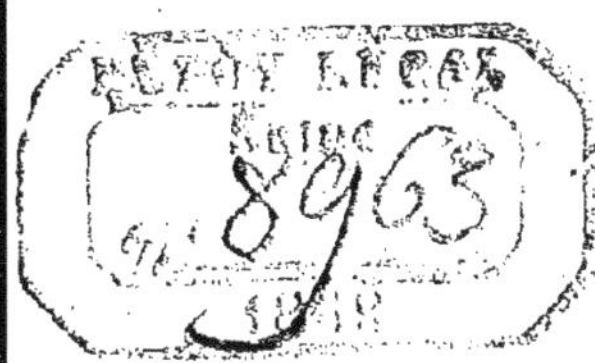

PAR

LOUIS JOURDAN

(DE MIRAMAS)

Ceci n'est ni un pamphlet, ni un libelle,
c'est la vérité distillée goutte à goutte.

L. J.

PARIS

LIBRAIRIE LE CHEVALIER, RUE RICHELIEU, 61.

1869

AVANT-PROPOS

Nous n'avons pas la prétention, en publiant
ce livre, d'offrir une dissertation purement
littéraire à nos lecteurs. Nous nous sommes
proposé de mettre en relief l'organisation des
chemins de fer; nous avons voulu faire connaître les abus, les vices dont elle est enta-
chée, et provoquer de sages réformes dans
leur exploitation. Aurons-nous réussi?

Nous n'espérons pas que notre œuvre soit
d'un grand poids dans la balance des intérêts
du public et des Compagnies; mais nous esti-
mons qu'en apportant notre pierre à l'édifice
de rénovation politique et sociale entrepris
autour de nous, nous aurons rempli un devoir.

Au milieu des vices et des abus sans nombre qui signalent l'exploitation de nos voies ferrées à l'attention des réformateurs, il nous a paru utile de faire entendre la voix de la vérité, en appelant la lumière sur une des questions les plus considérables de notre temps. L'opinion publique, cette souveraine du monde intellectuel, qui régit les peuples aussi bien que les rois, fera le reste. Quoi qu'il advienne, nous aurons la satisfaction d'avoir indiqué le mal à ceux auxquels incombe le devoir d'y porter remède.

LES VOIES ANCIENNES

> De mon temps, oui, vraiment,
> Tout se passait autrement.
>
> *(Chanson.)*

Les premières voies de communication qui aient été ouvertes à la surface du globe datent de l'origine des sociétés humaines.

A l'époque la plus reculée, les tribus nomades qui habitaient la terre se frayaient à travers les champs un passage dont chaque jour emportait la trace. Plus tard, les nations civilisées qui ont peuplé le continent ont créé tour à tour de grands chemins, et par eux des moyens de communication qui ont largement contribué au progrès social. Un espace de plus de cinq mille ans s'est ainsi écoulé depuis l'ouverture du sentier que suivaient les populations pastorales des premiers âges, jusqu'à la route qui sillonne aujourd'hui le domane échu en partage aux descendants de Japhet. Pendant cette période qui nous représente, relativement au temps où nous vivons, l'alpha et l'oméga de la civilisation, on a modifié de la manière la plus complète le régime des voies publiques.

La plus ancienne dont l'histoire fasse mention, date de l'invasion des Gaules par les Romains. Construite pendant les guerres d'Afrique, à peine reste-t-il çà et là quelque débris de cette magnifique voie qui, passant par les Alpes, la Gaule Narbonnaise, la Gaule Aquitanique et les Pyrénées, mettait l'Italie en communication avec la péninsule Ibérique.

Domitius fit construire, 122 ans avant Jésus-Christ, une voie appelée de son nom Viâ Domitia, qui traversait le pays des Allobroges et des Arverni (Savoie, Dauphiné, Auvergne). Le temps et les révolutions sociales n'ont pas épargné ce monument disparu de la grandeur romaine.

Dans la suite, l'empereur Auguste (42 ans avant Jésus-Christ) et après lui ses successeurs, voulant assurer leur domination en Occident, se frayèrent à travers les Alpes de grandes routes stratégiques qui rayonnaient sur le territoire des Gaules.

Il n'entre point dans notre sujet de décrire la structure de ces voies parsemées d'arcs de triomphe, de ponts, aqueducs, d'ouvrages divers dont les ruines ont étonné le monde. Il nous suffira de rappeler qu'elles étaient ordinairement formées de plusieurs couches de mortier sur lequel on étendait un lit de pierres noyées dans le ciment, et qu'on recouvrait le tout de cailloux équarris, *quadratis saxis*. Ce luxe ne surprendra personne, si l'on songe que ces travaux étaient exécutés par nos aïeux que la conquête avait asservis, aidés des miliciens qu'on arrachait ainsi à l'oisiveté des camps, et des criminels condamnés aux travaux publics.

Telle est la plus ancienne origine connue des voies de communication.

Les vicissitudes politiques qui suivirent la déchéance des Césars ne tardèrent pas à jeter la perturbation au sein des Gaules, et l'on vit les peuples de la Germanie successivemen envahir et dévaster, durant plus de trois siècles ce berceau de nos ancêtres. « Pendant ce temps, dit un historien, les routes furent tellement fatiguées par les hommes, les chevaux, les chariots, et de plus si complétement négligées, qu'elles périrent presque partout faute d'entretien, et qu'on perdit jusqu'au souvenir de ceux à qui le pays les avait dues. Le même historien ajoute : « Quand il se fut établi une espèce d'ordre et de stabilité dans les choses, et qu'on retrouva quelques restes de ces admirables voies de communication, les travaux qu'ils révélaient parurent tellement au-dessus de la puissance humaine, qu'on leur attribua une origine merveilleuse. »

D'après une croyance populaire, du reste fort répandue, elles avaient été construites par des démons aux ordres d'un sire de Brunehaut, l'un des héros légendaires que la superstition a fait vivre à l'époque gallo-romaine.

Les rois de la première race laissèrent les routes dans l'état où les avaient mises plusieurs siècles de lutte intestine, d'ignorance et de barbarie. En quelques provinces, l'initiative des seigneurs, se substituant à celle du souverain, sut ordonner des mesures qui avaient pour but de tenir les grands chemins dans un état permanent de viabilité. Ainsi, les vilains devaient les labourer en travers, plusieurs fois par an, afin d'en combler les profondes ornières.

Charlemagne (775), comprenant toute l'importance des voies de communication, institua des officiers appelés *missi*, qui étaient chargés de veiller à leur entretien et faire exécuter les travaux nécessaires à leur construction. Cet état de choses dura jusqu'à l'avénement des Capétiens ; mais de nouveaux troubles ayant éclaté au sein du royaume, les ordonnances relatives aux routes tombèrent en désuétude et finirent par être oubliées.

Pendant le moyen âge, les routes offraient si peu de sécurité, que les seigneurs étaient tenus, de par le roi, d'assister les voyageurs et de leur prêter main forte au besoin ; mais outre qu'ils s'en acquittaient fort mal, plus d'une fois, le croira-t-on ? ils furent les premiers à détrousser les passants. Encore ferons-nous remarquer que l'assistance due à ceux-ci était limitée au temps qui s'écoule entre le lever et le coucher du soleil. Avant, comme après la journée, toute protection cessait.

Vers le milieu du XIIᵉ siècle, parut une association de religieux connus sous le nom de frères pontifes, qui s'étaient donné la mission de transporter gratuitement d'un bord à l'autre de l'eau les voyageurs qui avaient à passer des rivières. D'abord établis sur les rives de l'Arno, en Toscane, puis introduits en France, où ils étaient appelés, ces bons religieux, qui comptèrent parmi eux saint Benezet, parvinrent à réaliser, au moyen de quêtes, des ressources suffisantes pour construire çà et là des ponts. Nous citerons près de nous ceux de Saint-Esprit et d'Avignon, encore debout. Ils veillaient à la sûreté des voyageurs qui étaient reçus dans leur propre demeure, et restèrent chargés de l'entretien des chemins dans le voisinage des ponts, jusqu'à l'époque (1520) où il furent sécularisés (1).

Philippe Auguste (1200) remit en vigueur les ordonnances relatives aux routes, tombées en désuétude sous le règne de ses prédécesseurs, et en créant des commissaires qui avaient pour mission d'inspecter les grands chemins, contribua puissamment à leur amélioration.

Au XVe siècle, on vit la première voiture suspendue. Les ressorts étant alors inconnus, on employait des chaînes. En 1406, Isabeau de Bavière entra solennellement dans Paris, conduite dans un chariot branlant, véritable progrès dû à l'art du carrossier. Ces véhicules, du reste fort incommodes, furent plus tard rem-

____

(1) Sous l'ancienne Rome, le chef du culte, institué par Numa, était appelé Pontifex. Cette dénominaion, qui n'a cessé d'être appliquée aux successeurs de saint Pierre, leur vient de ce qu'autrefois ils étaient chargés de l'entretien du pont Sublicius conduisant au mont Janicule.

placés par des voitures beaucoup mieux appro-
priées à leur destination ; mais longtemps
encore le nombre en fut si restreint, qu'il
sembla même qu'elles devaient être à tout
jamais le privilége exclusif des gens de la plus
haute lignée.

C'est ainsi qu'en 1520, on ne voyait dans
Paris que trois carrosses : le premier appartenan
à la reine Claude, fille de Louis XII et femme
de Francois Ier ; le second à la célèbre duchesse
de Valentinois, plus connue sous le nom de
Diane de Poitiers, maîtresse du duc d'Orléans ;
le troisième de ces véhicules à René de Laval-
Montmorency, un gentilhomme autorisé à s'en
servir parce que son obésité l'empêchait de
monter à cheval. La première personne de
qualité à laquelle il ait été permis, depuis, de
rouler carrosse, est la femme du président de
Thou, qui obtint cette faveur vers la fin du
XVIe siècle.

Henri II (1552), Henri III (1584) modifièrent
successivement le régime administratif de la
voirie ; mais ce dernier ayant voulu joindre aux
prérogatives des trésoriers, qui depuis longtemps avaient remplacé les commissaires, le
double service des eaux et forêts, il en résulta

une telle confusion qu'après les avoir supprimés, Henri IV dut créer, en 1599, une surintendance des chemins dont il confia la charge
à Sully, qui prit le titre de grand voyer.

A cette époque déjà, le chariot branlant
d'Isabeau de Bavière n'existait plus. « Je ne
peux aller vous voir, la reine m'a pris mon
coche, » écrivait à son premier ministre le vain-
queur de la Ligue, le roi populaire par excellence.

Veut-on avoir une idée plus exacte encore
de la difficulté des communications vers le
milieu du XVIᵉ siècle? Voici un document qui
nous en fournit la preuve. Gilles Lemaistre,
président du Parlement de Paris, de 1551 à
1562, avait imposé à ses fermiers l'obligation
« de lui amener la veille, des quatre bonnes
fêtes de l'année. et au temps des vendanges,
une charrette couverte, avec de bonne paille
fraîche dedans, pour y asseoir commodément
Marie Sapin sa femme, et sa fille Geneviève,
comme aussi de lui amener une ânesse pour
faire monter dessus leur chambrière. » Quant
à Monsieur le Président, la chronique nous
apprend qu'il se servait, pour accompagner le
cortége allant en villégiature, de la mule qu'il

montait chaque jour pour se rendre au Palais de Justice.

Un quart de siècle s'était à peine écoulé depuis l'élévation de Sully à la dignité de grand voyer, que Louis XIII, convaincu de l'insuffisance de cette nouvelle organisation, rendit (1626) aux trésoriers l'administration des grands chemins. Plus tard, appréciant les avantages d'une bonne voirie, il s'en réserva la surintendance, en même temps qu'il institua un directeur général ayant sous ses ordres des ingénieurs des ponts et chaussées.

Qu'on juge de l'état des routes, par la défense qui fut faite aux chaises de poste de conduire plus d'une personne à la fois, « à cause, dit l'arrêt du conseil du roi (1664), de la ruine des chevaux. »

A quelques années de là (1675), on construisit la route de Paris à Orléans, l'une des premières qui aient été pavées. L'impulsion que reçurent les travaux relatifs à la voirie, le zèle et l'activité qu'on déploya sur quelques points, devinrent un juste sujet d'admiration pour les populations voisines. Le témoignage de madame de Sévigné en fait foi. « C'est une chose extraordinaire, écrivait-elle à madame de Grignan, sa fille, que la beauté des chemins. On n'arrête pas un seul moment. Ce sont des mails et des promenades, partout les montagnes aplanies, la rue d'Enfer un chemin de paradis; mais non, car on dit que le chemin du paradis est étroit et laborieux, et celui-ci est large, agréable et délicieux. »

En 1681, Colbert enjoignait à l'intendant de la généralité de Moulins, de mettre en état les chemins par lesquels devrait passer le roi (Louis XIV) pour se rendre à Bourbon l'Archambault :

« Faites emplir les mauvais endroits de cailloux ou de pierres, s'il y en a dans le pays, lui disait-il, sinon, faut les combler avec de la terre et du bois. Vous pouvez encore employer un moyen qui consiste à faire ouvrir les terres en abattant les haies et en remplissant les fossés. C'est un expédient dont on s'est déjà servi pour le passage du roi dans les provinces par où Sa Majesté fait voyage. »

A cette époque les travaux à faire aux routes étaient mis en adjudication et exécutés au rabais.

Cependant quelques provinces avaient conservé l'obligation de pourvoir à la construction et à l'entretien des chemins, ce qui avait lieu au moyen de la corvée, d'odieuse mémoire. « J'aime mieux demander aux paysans les bras qu'ils ont, que l'argent qu'ils n'ont pas, » avait dit un ministre des finances. Trente ans plus tard, Turgot s'écriait avec beaucoup de logique : « Ceux qui font ce raisonnement, oublient qu'à ceux qui n'ont que des bras, il ne faut demander ni l'argent qu'il n'ont pas, ni les bras qui sont leur unique ressource. » Sur ce simple avis, un infortuné monarque dont le règne devait aboutir à une sanglante expiation, touché des inconvénients qui résultaient de la corvée pour les plus pauvres de ses sujets, l'abolit par un édit de 1776.

Bientôt la révolution abrogea les institutions politiques et sociales du régime qui l'avait précédée, et avec elles disparurent les ordonnances relatives à la voirie.

Nous avons vu qu'il existait antérieurement un directeur général et des ingénieurs des ponts et chaussées, relevant de la personne même du roi, qui s'était réservé la surintendance des chemins. Cette administration placée depuis la Révolution, sous l'autorité du ministre des finances, puis distraite de celui-ci pour être attribuée au ministère de l'intérieur, et replacée plus tard sous la juridiction du premier, reconnaît aujourd'hui pour chef le ministre des travaux publics.

On sait que la plus ancienne voie connue date de la conquête des Gaules, et l'on a pu juger par le rapide aperçu que nous avons donné, des péripéties qui ont précédé, accompagné ou suivi l'établissement des routes dans notre pays. Nous avons pensé que ces détails historiques, si abrégés qu'ils fussent, et, pour ainsi dire, écrits au courant de la plume, ne seraient pas inutiles à notre sujet auquel ils servent d'introduction. Toutefois, avant de quitter les grandes voies de communication pour dire un mot des petits chemins, nous croyons devoir rappeler que les premières avaient une largeur qui variait selon le pays qu'elles traversaient.

D'après une convention de l'an 1212, appelée *Charta pacis*, la route royale n'avait que dix-huit pieds de largeur.

La coutume de Normandie donnait quatre toises au grand chemin, qui ne devait pas avoir moins de trente pieds, d'après celle du duché de Bourgogne.

Celles de Vermandois et de Senlis voulaient que la route royale eût quarante pieds de largeur dans la traversée des forêts, et pour le moins trente pieds dans les terres dépouillées d'arbres.

Les coutumes d'Amiens, Boulogne, Saint-Omer et Clermont en Beauvoisis, élevaient à soixante pieds la largeur des chemins dits royaux.

Plus tard une ordonnance des eaux et forêts en date de 1669, prescrivit une largeur uniforme qu'elle maintenait à soixante pieds.

En dernier lieu, les routes ayant été divisées en trois classes, un arrêt du conseil du roi (1776) fixa la largeur des premières à quarante-deux pieds, celle des secondes à trente-six, et à trente pieds celle des troisièmes, en ne comprenant point dans cette mesure la dimension des fossés et dépendances.

Nous ajouterons qu'à partir du seizième siècle l'ordonnance de Blois, datée de 1579, l'édit de 1720 et celui de 1776 prescrivaient la plantation sur les chemins, de hêtres, châtaigniers, ormeaux et autres arbres, selon la nature et la qualité du sol.

Pendant les premiers siècles de l'ère chrétienne, on voyait, çà et là, des mutations ou relais destinés à fournir à ceux qui étaient chargés des courses publiques, les piétons d'abord qui succédaient aux piétons, et plus tard les chevaux qui remplaçaient les chevaux attelés aux premières voitures dont on se soit servi pour le transport des dépêches.

Ces mutations étaient commodes et du reste pourvues de tout ce qui était nécessaire en courriers, bêtes de trait et véhicules destinés à la course, ainsi qu'on appelait originairement le service des postes. Ceux qui les exploitaient étaient appelés *mancipes, præpositi mansionum.*

Outre les mutations, on rencontrait sur les grandes voies des locaux assez spacieux et convenablement aménagés pour donner asile pendant la nuit à une armée en route. Ces locaux appelés mansions, étant également éloignés les uns des autres, on mesurait les grandes distances par le nombre de mutations ou de mansions auxquelles on arrivait après une journée de marche.

Ces lieux de repos, ces relais dont nous n'avons pas à faire ici l'historique, eurent le sort commun, c'est-à-dire qu'ils furent tour à tour supprimés ou rétablis, sous l'influence des événements qui devaient modifier si diversement et si profondément les institutions politiques du royaume.

A la fin du dix-huitième siècle nous avions à peine six mille lieues de grandes routes. Nous ne saurions préciser le nombre de voies publiques qui furent créées depuis ; mais il est notoire, si le réseau n'est pas complet aujourd'hui, s'il existe çà et là de regrettables lacunes, que les communications suffisent presque partout aux intérêts qu'elles sont appelées à desservir.

On compte, à cette heure, plus de quarante mille kilomètres de routes impériales, soixante mille kilomètres de routes départementales et six cent mille kilomètres de chemins de grande communication, vicinaux, ordinaires ou d'intérêt commun ; et tandis qu'au commencement du dix-septième siècle, Sully dépensait vingt mille francs pour les routes, nos budgets sont grevés de près de cent millions destinés à parfaire l'œuvre nationale de la voirie publique.

Que si dans le passé nous considérons l'état des petits chemins, nous constatons une déplorable infériorité de ceux-ci par rapport aux premiers. Loin des villes, reliées entre elles par un système de voies assez mal entretenues, peu ou point de routes carrossables. Les richesses que la terre produit à sa surface, celles qui sont enfouies dans ses entrailles, çà et là immobilisées, ne trouvant aucun débouché faute de moyens de circulation, le colportage à dos d'homme et le transport à dos d'âne ou de toute autre bête de somme longtemps remplacèrent les instruments qu'on a depuis employés. Il en résultait une dépréciation considérable pour la propriété rurale, une sorte d'atrophie, de dépérissement des forces productrices du sol privé d'exploitation, parce que celle-ci manquait à son tour de voies nécessaires à l'écoulement de ses produits. Ces effets, qui reconnaissaient pour cause l'absence ou le mauvais état des chemins, exercèrent une véritable influence sur les destinées du pays ; et, pour le dire en passant, c'est à ce manque de voies de communication qu'il faut attribuer les grandes famines qui désolèrent jusqu'à six fois le même siècle.

Les temps sont bien changés, nous devons le reconnaître, et si notre réseau n'est pas complet, avons-nous dit, s'il existe de regrettables lacunes, nous sommes du moins en possession d'un ensemble de voies de communication qui ont largement contribué au bien-être physique et moral des populations les plus reculées.

—————

LES VOIES NOUVELLES

O fille de la paix active,
Des peuples hâtant les travaux,
Messagère des temps nouveaux,
Je te bénis, locomotive!

(*Antiques et contemporaines.*) ED. PY.

Là ne devait pas se borner le progrès qui porte l'homme sans cesse à améliorer sa condition ici-bas. Il était réservé au dix-neuvième siècle d'assister à l'invention des chemins de fer, et de voir accomplir ainsi l'œuvre la plus utile des temps modernes. Par une heureuse application de la vapeur à la traction de tout ce qui est susceptible d'être voituré, la matière, obéissant à la souveraineté du génie, était devenue un auxiliaire de la bête de trait, destiné à la remplacer avec avantage partout où il y aurait de grands intérêts à desservir. Bref, une révolution dont on ne pouvait mesurer les conséquences, venait de s'opérer dans l'industrie voiturière et par suite dans le système des voies de communication.

Au commencement de ce siècle on construisit en Angleterre les premiers chemins de fer. Ceux-ci ne ressemblaient guère à ceux-là dont on s'était servi pendant près de deux cents ans, pour le transport des houilles dans ce pays. Bien imparfaits encore, mais constituant un progrès, par cela même que le moteur était trouvé, ils ont réalisé depuis l'invention de la locomotive à chaudière tubulaire (1829), des prodiges de vitesse et de puissance qui ont donné tort aux détracteurs qu'une injuste prévention avait suscités contre eux.

Le doyen des chemins français est celui de Saint-Étienne à Andrezieux, d'une longueur de seize kilomètres. Autorisé par ordonnance royale du 26 février 1823 et mis en exploitation le 1er octobre 1828, il avait fallu près de six années pour le construire, soit 2 kilomètres 66 par an. Le railway de Saint-Étienne à Lyon lui succède dans l'ordre chronologique. Concédé le 7 juin 1826, à MM. Seguin frères, on ne comprenait pas encore l'importance de ces voies destinées à jouer un rôle auquel on était loin de s'attendre.

En 1835 M. Thiers, étant ministre des travaux publics, voulait bien reconnaître que les chemins de fer présentaient quelques avantages pour le transport des voyageurs, en tant que l'usage en était limité au service de certaines lignes fort courtes, aboutissant à de grandes villes comme Paris.

« Moi demander à la Chambre de concéder le chemin de fer de Rouen ! s'écriait-il en réponse à des solliciteurs qui réclamaient son appui ; on me jetterait au bas de la tribune ! »

M. Passy, alors aux finances, objectait que le fer est trop cher en France ; le député Allier, que le pays est trop accidenté ; et l'illustre Arago allait jusqu'à dire le plus naïvement du monde : « Les souterrains seront nuisibles à la santé des voyageurs. »

Ainsi, tout conspirait contre une invention dont l'expérience allait consacrer l'utilité en lui donnant une plus large application.

Grand fut le nombre de ceux qui élevèrent la voix pour annihiler ou amoindrir cette œuvre de génie. Mais, pour nous servir d'une expression de madame de Sévigné, comme le monde n'a pas de longues injustices, et que tout doit finir, même les préventions, bientôt le courant de l'opinion publique entraîna ceux qui avaient méconnu la supériorité des nouveaux chemins, et l'on s'éprit si bien d'un mode de locomotion qui a conquis aujourd'hui la vogue universelle, qu'il n'est pas une cité, chez nous, de quelque importance, qui n'ait sollicité depuis, un chemin de fer.

Parmi les causes qui contribuèrent à discréditer les voies nouvelles, nous citerons tout d'abord les accidents auxquels donne lieu leur exploitation. On s'exagérait au début la fréquence des déraillements, des collisions, des sinistres de toute sorte qui trop souvent encore suspendent la marche des trains et compromettent l'existence des voyageurs. L'incroyable accident de Versailles vint même, en 1842, raviver la frayeur du public et montrer à quels dangers imprévus sont exposés ceux qui circulent en chemin de fer.

Mais depuis, hâtons-nous de le reconnaître, on a multiplié les mesures préventives destinées à assurer la sécurité des communications. Les études comparatives auxquelles on s'est livré ont triomphé des appréhensions qui existaient encore, en démontrant la supériorité des voies nouvelles sur les anciennes où les risques sont plus nombreux.

Une récente statistique établit :

Pour les chemins de fer : 1 accident sur 364,122 voyageurs; et pour les voitures des messageries : 1 accident sur 27,708 voyageurs. Ce qui donne la proportion suivante :: 13, 15 : 1.

On n'a donc qu'une chance d'échapper à une catastrophe en prenant les messageries, tandis qu'on en trouve près de quatorze ou quinze en chemin de fer. Ces chiffres portent en eux leur éloquence.

L'engouement du public pour les voies nouvelles le porta bientôt à se disputer et s'arracher les actions sur la vente desquelles on réalisait des primes considérables.

Le spirituel chroniqueur de Boigne raconte une plaisante anecdote à ce sujet. C'était vers la fin de l'année 1845; un ancien militaire se présente au baron James de Rothschild, au moment où il sortait de sa loge à l'Opéra.

— Monsieur le baron, lui dit-il, j'ai eu l'honneur de vous écrire plusieurs lettres pour vous demander des actions du chemin de fer du Nord (sur 400,000 il en avait été attribué 102,000 au célèbre financier), et j'attends encore une

réponse. J'ai donc pris le parti de venir la chercher, ici, en personne... Voulez-vous, oui ou
non, me donner des actions ?

— Donnez-vous la peine d'entrer dans ma
loge, monsieur, je vous en prie; je vous y rejoins
dans quelques instants.

Il le poussa dans sa loge, partit et ne revint
pas, ajoute M. de Boigne.

Le lendemain, cet étrange solliciteur se rend
au domicile de M. de Rothschild, voulant avoir
raison de sa déconvenue :

— Monsieur le baron, dit-il d'une voix hau-
taine cette fois, je viens chercher les cent actions
que vous m'avez promises hier.

— Cent actions, c'est-à-dire une prime de
40,000 francs ! c'est le prix que vous fixez à
la place que j'ai eu l'honneur de vous offrir...

— Oui, monsieur le baron, cent actions, ou
je vous passe mon épée au travers du corps.

Et le grand pourfendeur roulant des yeux
féroces, dit la chronique, brandissait son stick
de la façon la plus menaçante.

— Si tous ceux, répliqua le financier, auxquels j'ai été obligé de refuser des actions et
qui ont juré de me passer leur épée au travers
du corps, m'avaient tenu parole, il y a longtemps

que je ne serais plus qu'une pelote d'épingles.

Ce propos mit fin aux prétentions de son interlocuteur.

Malgré la popularité qui s'est attachée à une aussi merveilleuse invention, notre pays ne s'est guère signalé jusqu'ici par l'accroissement de son réseau. Tandis que la longueur totale des lignes qui sillonnent le globe s'élevait il y a quelques années à 120,000 kilomètres (trois fois le tour du monde), représentant un capital de trente milliards ; tandis que l'Amérique du Nord exploitait à elle seule autant de chemins de fer que les puissances européennes réunies, « la France, écrivait-on, occupe le troisième rang quant à l'étendue kilométrique des chemins construits ou simplement décrétés, le cinquième rang par rapport à l'étendue de son territoire, enfin le septième rang par rapport à sa population. Elle est de tous points, dans un état d'infériorité vis-à-vis de la Belgique et de l'Angleterre (1).

Que si à la lenteur qu'on apportait jadis à la construction des routes, on compare la rapidité avec laquelle ont été créés, en moins d'un demi-

(1) Poujard'hieu. *Du Rachat des chemins de fer.*

siècle, les chemins de fer qui rayonnent à la surface des deux continents, on est frappé de l'activité déployée par les sociétés modernes, dans l'accomplissement d'une œuvre appelée à exercer une décisive influence sur les destinées du genre humain. Cette activité qui préside à la création des voies ferrées suffirait à démontrer la supériorité de ces moyens de communication, si déjà elle ne ressortait des avantages qu'ils nous ont procurés et de ceux plus grands encore qu'il est permis d'en attendre.

Indépendamment du rôle que jouent les chemins de fer dans la science économique, l'intrigue s'en est emparée et en a fait un instrument propre à seconder les vues ambitieuses de notabilités aspirant à l'honneur de représenter leur pays. Personne n'ignore que maint député doit son mandat au degré d'influence qu'il est capable de mettre au service d'une circonscription électorale en quête d'un railway, et l'on va jusqu'à dire qu'on en a fait une condition, *sine quâ non*, devant laquelle plus d'une fois s'ouvrirent les portes du Palais Bourbon.

Ces admirables instruments de roulage qui semblent avoir été inventés pour répandre autour d'eux la civilisation, sont aujourd'hui aux mains de six puissantes Compagnies qu'on a justement appelées six grands commandements industriels.

Nous allons successivement examiner comment celles-ci exploitent nos chemins de fer, et signaler les abus résultant d'un privilége qu'elles exercent sans contrôle sérieux.

La loi économique du transport a une importance qu'on ne saurait méconnaître. Produire c'est mouvoir, s'écrie Stuart-Mill dans l'une de ses meilleures dissertations. Si cela est vrai, ajoute Proudhon, il s'ensuit que le transport précède dans la théorie comme dans la pratique toutes les industries, qu'il en forme la base, l'essence et le faîte, et qu'il occupe dans la science économique un rang supérieur à celui de la division du travail elle-même. Cela se conçoit.

La matière que l'homme demande au milieu dans lequel il vit, pour se l'assimiler ou la livrer à l'échange, est par là même soumise à la nécessité du mouvement. Ainsi de toutes choses. Or, mouvoir c'est déplacer, ôter un objet de sa place, transporter un corps d'un lieu à un autre. Telle est la définition la plus exacte qu'on en puisse donner. Cette action ne saurait s'accomplir sans le secours d'un moteur, d'une force quelconque, soit qu'elle réside dans le système musculaire de l'homme et des animaux, soit qu'elle émane de la vapeur appliquée à la mécanique.

Le colportage à dos d'homme et le transport à dos d'âne ou de toute autre bête de somme, réunissant le véhicule et le moteur à la fois, ont été les premiers agents dont on se soit servi dans ce but. Le traîneau, assemblage grossier de pièces de bois, sorte de voiture sans roues, auquel on attela d'abord la bête de trait, donna naissance à l'*unarote* et celle-ci au *birotus*, puis au *carruca* ou *carpentum* que les Romains introduisirent dans les Gaules (1). Improprement désigné par quelques auteurs sous le nom de *basterna*, et plus communément appelé *vehiculum*, on a construit d'après celui-ci le chariot, la maringotte, la malbrouck et plus tard la carriole exclusivement destinée au transport des marchandises, qui après avoir vu le coche, le carrosse, la patache, la diligence et jusqu'à la chaise de poste voiturer tour à tour

(1) Les Bretons se servaient à la guerre de l'*esseda* ou *essedum*, char découvert placé sur deux roues, traîné par deux chevaux.

les voyageurs, nous est restée comme type de l'ancien mode de roulage.

Que sont devenus ces instruments d'une industrie qui, ouvrant un libre champ à l'initiative privée, admettait la concurrence dans la plus large acception du mot et, opposant ainsi une barrière aux envahissements du monopole, mettait un frein à l'exagération des tarifs?

. La messagerie à vapeur, érigée en privilége voiturier, les a subordonnés à la puissance du railway qui sillonne, circonscrit et enlace comme dans les mailles d'un inextricable réseau, le territoire français.

Or ce railway a été concédé à des sociétés pour lesquelles on inventa la fusion qui, en réduisant le nombre de celles qui exploitaient nos chemins de fer, leur a permis de se partager le pays en six grandes zones.

Signe des temps! effet d'une centralisation qui, après avoir passé du domaine de l'économie politique dans celui de l'économie sociale, semble avoir pris à tâche de concentrer la plupart des services publics dans les mains de riches et puissantes Compagnies.

Sans le principe d'association, l'homme n'eût accompli aucune de ces œuvres qui suffisent

2.

à la gloire d'un peuple, et nous n'aurions pas
nos chemins de fer. Qu'on cesse donc de crier
au démembrement du domaine national, parce
que ces voies seront exploitées par ceux-là
mêmes qui les auront construites ! Ainsi rai-
sonnent les partisans de notre état social. Mais
parmi les Compagnies qui ont été créées dans
un but d'utilité publique, toutes remplissent-
elles avec conscience leur mandat, et compren-
nent-elles enfin qu'elles ont été instituées pour
desservir des intérêts et non pour être desser-
vies par eux? Nous ne le pensons pas, et nous
aurons occasion de démontrer dans la suite de
cette étude, comment le public est exploité à
son tour par ces associations privilégiées. « Déjà,
dit Georges Duchêne dans sa *Pratique de
l'agiotage*, il court dans l'air des plaintes, des
protestations, des imprécations contre la ty-
rannie des monopoles et l'oppression des
grandes Compagnies.... . Avant que la clameur
grossisse et prenne les proportions d'une reven-
dictaion, cherchons ce qu'il y a de fondé dans
les doléances des mécontents. »

Dans le mouvement auquel donne lieu parmi
nous un incessant échange d'objets de première nécessité, nul n'échappe à l'action de cet

agent de transport qu'on nomme un chemin de fer. Maître, en dehors du droit commun, des principales artères de la circulation publique, nous le voyons rayonner partout et chaque année, agrandissant le cercle de sa sphère d'activité, ajouter un tronçon à son réseau de voies ferrées. Arbitre suprême du transport, nul, avons-nous dit, n'échappe à son action.

L'homme qui par ses mœurs se rapproche le plus de l'état de nature, qui vit dans la retraite la plus lointaine et la plus ignorée ; celui même qui se procure par un labeur assidu l'aliment qui suffit à sa nourriture, la matière textile dont il se sert pour tisser ses habits, qu'on nous représente, en un mot, comme s'isolant de la société au point de ne lui demander qu'une assistance purement spirituelle, sont dans une égale impuissance de subvenir à tous leurs besoins. N'est-il pas pour eux des choses indispensables à la vie temporelle, que l'industrie seule est en mesure de leur fournir ? Ces extrêmes sociaux étant tributaires, *à priori*, de l'agent qui commande à la grande industrie du transport, *à fortiori* le sont les autres hommes auxquels la civilisation créa une plus grande somme de besoins.

Ce tribut que nous payons tous aux Compagnies de chemins de fer, ne nous donne-t-il point le droit d'élever la voix contre l'abus qu'elles font d'un aussi exorbitant privilége? N'avons-nous pas, au surplus, le devoir de leur demander compte de léur exploitation, au nom même des subventions qu'elles ont reçues de l'État? L'État, ce n'est plus le roi seulement, c'est tout le monde. Les millions qui ont été distribués aux Compagnies de chemins de fer n'ont-ils pas été distraits de la fortune publique, et celle-ci n'est-elle point le patrimoine du pauvre comme du riche?

Nous lisons dans une correspondance parisienne, en date du 26 juin 1868 : « M. Pouyer-Quertier a profité de la présentation du projet de loi sur le chemin de fer du Midi, pour demander (au Corps législatif) que les comptes des chemins de fer soient efficacement surveillés et contrôlés par l'État. Puisque les grandes Compagnies ont obtenu des priviléges et des garanties d'intérêt, il est indispensable que leur gestion soit complétement à jour; il ne doit pas être permis à des associations de particuliers de puiser à volonté dans les caisses publiques, c'est-à-dire dans la poche des con-

tribuables, sans que le pays sache si réelle-
ment leurs besoins sont légitimes. »

Nous verrons quel usage elles font de leurs
propres ressources, et comme leur crédit est
intimement lié à celui de l'État par les garanties que celui-ci a bien voulu leur prêter ; nous
espérons que la nécessité de les surveiller sera
finalement appréciée de tous. Ce sera pour
nous une occasion de soulever le voile qui
cache à bien des yeux les vices, nous allions
dire les turpitudes, de plus d'une exploitation
contre laquelle il serait oiseux de protester.
Mais procédons par ordre, et tout d'abord arrê-
tons-nous à des considérations générales sur
l'origine des concessions et l'organisation des
Compagnies.

ORIGINE DES CONCESSIONS

ET

ORGANISATION DES COMPAGNIES

> **Six** Compagnies commandent
> à la grande industrie du trans-
> port, et nous retrouvons dans la
> plupart d'entre elles les mêmes
> hommes à la tête de ces com-
> mandements.

Avant la conclusion du pacte de famille qui les a placés sous le patronage des princes de la finance, les chemins de fer étaient concédés par voie d'adjudication, mais ce mode avait l'inconvénient de favoriser la coalition entre soumissionnaires. Proudhon en cite l'exemple suivant:

« Le gouvernement met en adjudication le chemin de fer de Paris à ***. Plusieurs sociétés se présentent en concurrence pour obtenir cette concession. Au lieu de soumissionner au rabais, elles conviennent, la veille des enchères, de ne déposer entre elles toutes qu'une seule soumission et de se partager le lendemain les actions.

Elles obtiennent ainsi un bail de 99 ans, quand, par une concurrence sincère, il aurait pu n'être que de 50. C'est une coalition, aux termes de la loi ; on nomme cela dans le monde honnête : spéculation.

« D'après les études publiées par les journaux, le rendement de ce chemin ne sera pas moindre de 10 à 15 %. Les actions s'élèvent aussitôt de 500 à 1000 fr. ; les premiers souscripteurs vendent et réalisent : l'expérience démontre ensuite que le rendement de la voie n'est que de 7 1/2 %. Les actions tombent de 1000 à 650 ; différence, 350 fr. par action, qu'empochent les fondateurs et premiers actionnaires. Charlatanerie macairienne : spéculation (1).

« Dans tous les cas, la concession précède, comme l'adjudication, la formation des sociétés anonymes Les capitalistes déclarés adjudicataires ou concessionnaires réalisent alors, sans bourse délier, des bénéfices superbes. Seuls détenteurs des actions au pair, s'ils en donnent quelques-unes à leurs amis et aux personnes dont l'influence leur est nécessaire ; c'est pure gracieuseté ou calcul. Ainsi les 22,000 actions du

____

(1) *Manuel du spéculateur à la Bourse.*

chemin de fer de Versailles (rive droite) ont été réparties, par l'acte de société, de la manière suivante : MM. de Rothschild frères, 7,000 ; d'Eichtal et fils, 3,500 ; Davilliers et Cᵉ, 3,500 ; Thurneyssen et Cᵉ, 3,500 ; Jacques Lefebvre et Cᵉ, 3,500; baron Berthon, 200 ; V. Lanjuinais, 200 ; Émile Pereire, 600. Or, le jour de leur émission, ces mêmes actions ont fait de 700 à 725 fr. à la Bourse : ce qui permettait aux huit personnes ci-dessus nommées, de réaliser un bénéfice de plus de quatre millions et demi en vendant, ce jour même, non l'action portant dividende, mais la promesse d'action entraînant l'obligation d'en verser le montant. C'est, au reste, l'histoire de la plupart des sociétés anonymes, des émissions d'obligations, des souscriptions d'emprunt etc. » (1)

Nous serions tenté de rappeler les folles équipées, les coupables manœuvres de la spéculation, si cela ne devait nous entraîner trop loin de notre sujet.

Les échos du Palais retentissent encore des scandales auxquels donna lieu mainte entre-

____

(1) *Manuel du Spéculateur à la Bourse.*

prise devenue tristement célèbre dans les annales judiciaires, et nos lecteurs n'ont pas plus oublié l'affaire relative à la ligne de Grais- sessac à Béziers, que le procès intenté à la Société des ports de Marseille, ou celui des chemins de fer départementaux.

Quant aux lecteurs qui auraient besoin d'être édifiés, nous les renvoyons à l'ouvrage que Georges Duchêne, a publié sous le titre : *la Spéculation devant les tribunaux, Pratique et théorie de l'agiotage*. Ils y puiseront plus d'un enseignement et apprendront à escompter les promesses de ceux que l'auteur appelle les en- traîneurs, les fondateurs des grandes entre- prises.

Le Gouvernement a renoncé, depuis le 2 dé- cembre 1851, au système de l'enchère, pour traiter de gré à gré avec les Compagnies qui ont obtenu la concession de nos chemins de fer. A son avis, il en est résulté des inconvé- nients moindres que ceux qui signalèrent les anciennes adjudications.

Le même esprit qui, en créant le royaume italien, a préparé les voies à l'empire germa- nique et inauguré la politique des grandes agglomérations, qui a une affinité carrément accusée pour l'unité dans les applications dont elle est susceptible en économie politique et sociale, cet esprit, disons-nous, a imaginé la fusion, qui a réduit de 42 à 6 le nombre des Compagnies de chemins de fer.

Nous ne discuterons pas l'opportunité de cette mesure, non plus que la prolongation qui a simultanément élevé de 30, 40 ou 50 à 99 années, la durée uniforme des concessions. L'agiotage qui porte à plusieurs milliards le chiffre des pertes éprouvées depuis 1852 sur la plupart des valeurs, et qui, à l'heure où nous écrivons ces lignes, menace de ruine la Société Immobilière, un agiotage effréné avait ébranlé le crédit des Compagnies de chemins de fer. Il y avait péril en la demeure et il fallait aviser sans retard. De 1858 à 1859, les traités furent renouvelés, et de nouvelles conventions assurèrent une existence quasi-séculaire à l'exploitation du réseau français.

On a cru voir dans cette centralisation de l'industrie voiturière, vulgairement appelée fusion, une assurance mutuelle entre les Compagnies pour le maintien de leurs tarifs, et l'on en a inféré qu'il pouvait y avoir un véritable danger pour l'État, à élever à ses côtés une puissance autrement redoutable que celle des baïonnettes.

M. Nicias-Gaillard, avocat général, s'écriait naguère devant la Cour de cassation : « Ce qu'il y a à craindre, ce n'est pas que le pouvoir soit trop fort contre les Compagnies, c'est que les Compagnies soient trop fortes contre le pouvoir. » Cette appréciation nous paraît exagérée, le pouvoir étant suffisamment armé pour tenir en échec les forces réunies dont pourraient disposer les concessionnaires de nos chemins de fer. Question de chiffres, au surplus ! Combien y a-t-il en France de gens intéressés à l'exploitation du réseau, en d'autres termes, combien d'exploiteurs, et combien y a-t-il d'exploités ? Nous manquons de documents statistiques ; mais nous ne craignons pas d'avancer que le nombre des premiers est de beaucoup inférieur au second, qui constitue une immense majorité dans la nation.

Rien n'est édifiant comme l'histoire d'une fusion que nous trouvons dans le livre déjà cité de Georges Duchêne :

« Les parties contractantes sont les Compagnies : 1° de Paris à Orléans ; 2° d'Orléans à Bordeaux ; 3° de Tours à Nantes ; 4° du Centre.

« L'actionnaire du Centre, pour qui la nouvelle action d'Orléans représentait un versement de 1,000 francs ; l'actionnaire de Bordeaux pour qui elle représentait un versement de 825 francs ; l'actionnaire de Nantes, pour qui elle représentait un versement de 1,700 francs, n'avaient droit, par le tirage annuel, qu'à un remboursement de 500 francs. »

Telles sont les bases sur lesquelles eut lieu, en principe, cette étrange association de capitaux, bientôt modifiée par de nouvelles conventions.

Nous avons sous les yeux la protestation d'un actionnaire du chemin de fer de Paris à Lyon contre la fusion de cette ligne avec celles de Dôle, Bourg et Besançon.

« Sous la protection du Gouvernement, dit-il, et sous l'influence d'administrateurs occupant une haute position, nous avons eu confiance en l'avenir de la ligne de Lyon et sommes devenu actionnaire, etc... Nous ne voulons pas engager aujourd'hui nos capitaux dans une entreprise aléatoire. Avant de fusionner avec les nouvelles lignes de Dôle, Bourg et Besançon, conformons-nous à l'avis du premier rapport, qui propose de laisser à l'avenir la solution d'une question qui lui appartient, et conseille d'attendre les produits pour apprécier les recettes futures.

« Nous regrettons que le projet soumis à votre délibération émane d'administrateurs auxquels nous avons alloué 50 centimes par action, soit 120,000 francs par an, libéralement votés pour jetons de présence à des gens qui ont gagné des millions avec les primes, etc. »

Nous ne suivrons pas ce trop naïf actionnaire dans les arguments qu'il fait valoir. Il se plaint de ce qu'on ne lui a pas permis de lire sa protestation, et se déclare résolu à poursuivre l'illégalité d'une assemblée dans laquelle, contrairement au droit commun, la discussion a été étouffée. Les cris Aux voix ! aux voix ! dit-il en terminant, ont dégénéré en vociférations lorsqu'il a proposé de nommer une sous-commission chargée d'éclairer les administrateurs.

Certainement, tout lecteur étranger aux us et coutumes du monde financier se refuserait à croire qu'on pût éliminer de la sorte l'initiative d'un actionnaire défendant avec mesure son intérêt et celui de ses co-associés, si les exploits des meneurs n'étaient dénoncés, avec preuves à l'appui, par d'autres que par nous.

Laissons parler un auteur déjà cité, que nous aurons occasion de citer encore, parce qu'il a mis la spéculation au pilori de l'opinion publique. La morale des barons du trois pour cent, comme il les appelle, a besoin d'être connue de cette multitude de petits capitalistes qui, trop souvent alléchés par de séduisantes mais fallacieuses promesses, versent leur épargne dans les grandes entreprises de notre temps.

« Comment des actionnaires sérieux se laissent-ils étrangler ainsi entre la porte et le mur ? Ah ! c'est que les actionnaires sérieux n'ont pas la parole dans les assemblées. Nous avons cité dans notre *Revue judiciaire* nombre de fraudes. Était-ce l'exception ? Qu'on en juge par l'article suivant, emprunté au *Messager de la Bourse* du 16 janvier 1858 :

« Nous avons mis en scène, pour les rendre plus saisissantes, les intrigues qui se nouent autour de toute affaire industrielle. Nous avons fait manœuvrer des personnages dont les masques pourraient être facilement reconnus sur la scène qu'ils remplissent de leurs succès scandaleux. Nous avons promené nos lecteurs dans les coulisses où se préparent des dénoûments prévus ; nous avons montré comment s'organise un conseil de surveillance, comment s'improvise un rapport et comment se charpente cette comédie des Assemblées générales. Nous avons signalé la composition des majorités factices dont les administrateurs de Société tirent les bills d'indemnité, les suppléments d'émission, les modifications de statuts, les appels de fonds, confirmations ou extensions de pouvoir dont ils ont besoin.

« Nous avons indiqué comment, à l'aide des actions de fondation ou d'apport, l'administration ouvrait au dernier de ses commis ou de ses salariés les portes d'une réunion, d'où sont exclus les porteurs sérieux de moins de 40 ou 50 actions, comment, à l'aide de ce public complaisant, ayant le mot d'ordre, exercé au besoin par des répétitions *ad hoc,* on parvenait à étouffer les justes plaintes, les protestations timorées d'actionnaires réels; quand on ne parvenait pas à les étourdir par des rapports pleins d'assertions mensongères ou d'aperçus brillants, de chiffres adroitement groupés, de balances incomplètes, d'attributions et de reports de comptes les uns sur les autres.

« Nous avons montré comment l'armée des comparses était flanquée de chefs d'attaque habiles, avocats, hommes d'affaires, courtiers, journalistes, attachés à l'entreprise ; comment s'organisaient les interruptions ou les applaudissements notés ; comment on dénaturait une proposition en l'exagérant ou en la présentant comme une injure directe à des personnages honorables ; comment on enlevait d'enthousiasme les modifications les plus graves ; comment on faisait sanctionner, en profitant d'une surprise, des actes portant les plus sérieuses atteintes aux statuts des sociétés et aux garanties des actionnaires.

« Nos tableaux n'étaient point des créations de fantaisie, mais des études prises sur le vif, au cœur même de ces réunions de mystificateurs et de mystifiés, de fripons et de dupes. La pratique de ces manœuvres est devenue tellement générale dans les sociétés par actions, qu'on a mis vingt noms à la fois sur les masques que nous avons placés en scène.

« Quand nous ajouterions à ce témoignage, dit Georges Duchêne, des renseignements à nous personnels ; quand nous affirmerions avoir tenu en main une carte de 9 voix au nom d'un chef de bureau qui n'avait pas un sou dans la Compagnie ; quand nous jurerions sur notre âme et conscience que nous avons rencontré une escouade de commis, ingénieur en tête, allant voter comme actionnaires à la salle Sainte-Cécile; quand nous citerions les noms d'une demi-douzaine d'honnêtes employés qui ont préféré la destitution à la honte et nous ont autorisé à produire leur témoignage, que ferions-nous de plus pour entraîner la conviction de nos lecteurs ?...

« La juiverie a créé à son usage cet axiome : Pour que les affaires marchent, il ne faut pas que les actionnaires s'en occupent. » (*La Spéculation*, etc., pages 271, 272 et 273.)

Il y a des gens qui approuvent cela, qui le trouvent tout naturel et ne craignent pas, à l'occasion, de déclamer contre le jésuitisme ou les jésuites; mais ils sont plus jésuites eux-mêmes que le jésuite le plus jésuite des jésuites, et Machiavel n'imagina rien de mieux assurément. Eh quoi ! messeigneurs les princes de l'agio, vous convoquez l'élite de la plèbe actionnaire, et vos mesures sont prises pour assurer le succès de vos menées, dans le cas où elle ne leur donnerait point toute son approbation !

Mais il serait beaucoup plus digne de la

nation à laquelle vous appartenez peut-être, d'accord avec le caractère et l'esprit français, de les éliminer tout bonnement et le plus carrément du monde. Pourquoi ces lâches, ces basses intrigues qui ne servent qu'à corrompre et pervertir d'honnêtes gens ? Si la loi est impuissante à réprimer de semblables abus, que la morale condamne mais que le succès absout, la plume a le droit de les flétrir.

Nous avons vu le Gouvernement procéder par adjudication à la concession de nos chemins de fer, puis, à cause des abus qui en résultaient, y renoncer pour traiter de gré à gré avec les Compagnies, le discrédit qui avait atteint celles-ci, le conduire à prolonger la durée de leur entreprise et la fusion modifier enfin l'exploitation du réseau français.

Six Compagnies commandent à la grande industrie du transport, et nous retrouvons dans la plupart d'entre elles les mêmes hommes à la tête de ces commandements.

C'est ainsi que nous voyons figurer sur les tableaux des conseils d'administration, pour les lignes ci-après dénommées : Nord, vingt-cinq administrateurs ; Midi, seize id. ; Est, vingt-cinq id. ; Ouest, seize id. ; Orléans, vingt-quatre

id.; Méditerranée, trente id. En sorte, ajoute
Georges Duchêne, que toute la circulation de
la France, hommes et colis, serait aux mains
de cent trente-six podestats, n'étaient les
cumuls dont nous parlerons et qui réduisent
encore ce chiffre, etc...

« Nous avons parlé de cumuls administratifs.
Ici le lecteur se croirait en plein roman, si nous
n'apportions des preuves; nous voudrions ne
nommer personne ; mais sans noms propres, il
est impossible de prouver. Et puis, si la plèbe
est essentiellement anonyme, s'il est vrai que
des milliers de prud'hommes ne constituent
pas même une unité, en revanche, il est de
l'essence des castes de procéder par clans, tribus
et dynasties; chaque individu est un groupe,
une collectivité. Nous empruntons nos documents à deux publications éminemment favo-
rables aux manieurs d'argent : *le Guide Financier*, de M. Vitu, et *le Manuel des Fonds publics*,
de M. Courtois, 1863-1864 : nous n'avons pas
de renseignements plus récents à l'état complet.

« M. Hippolyte Biesta est, avec M. Pinard,
directeur du Comptoir d'escompte de Paris,
société au capital de 40 millions, faisant aujour-
d'hui deux milliards d'affaires par an. Une

pareille fonction semblerait, à première vue, devoir suffire à l'activité la plus éclairée, la plus intelligente. Cependant, nous retrouvons M. H. Biesta en qualité de censeur au Sous-Comptoir des chemins de fer, comme administrateur à la Paternelle, société d'assurances ; au Crédit mobilier, au Chemin central suisse, à la Compagnie transatlantique, aux Forges de Decazeville (tombées en faillite), à la Compagnie immobilière de Paris, au Gaz parisien, aux Salins du Midi ; ensemble dix sociétés.

« De neuf à dix sociétés, c'est la moyenne des cumuls ; il y a plus grand et plus petit que M. Biesta, qui se trouve occuper le juste milieu avec une vingtaine d'autres.

« M. A. d'Eichtal est vice-président du conseil au Crédit mobilier, administrateur au Sous-Comptoir des chemins de fer, à la Réunion, société d'assurances ; aux Chemins de fer de l'Est, du Midi, de l'Autriche, au canal de l'Èbre (aujourd'hui déchu), à la Compagnie immobilière de Paris ; de plus, il préside le conseil de surveillance des Salins du Midi.

« M. F. Bartholony est administrateur au Crédit foncier, au Crédit agricole, au Lloyd français, aux Chemins de fer d'Orléans, de Lyon à

Genève, de Paris-Lyon-Méditerranée, du Sud de l'Autriche, Vénétie, Lombardie et Italie centrale, à l'Union des chemins de fer suisses, aux Quatre-Canaux, aux Forges et Chantiers de la Méditerranée.

« Nous n'écrivons pas le livre d'or de la nouvelle noblesse ; aussi ne pousserions-nous pas plus loin nos recherches s'il n'en devait résulter qu'une sèche statistique. Nous allons disposer d'une autre façon les cumuls de M. Pereire (Émile); son nom figure dans dix-neuf compagnies. Nous regrettons que nos renseignements soient vieux de trois ans, bien qu'au fond, pour la conclusion que nous en voulons tirer, la date importe peu. Donc, en 1863, M. Pereire administrait les dix-neuf Compagnies suivantes :

	ACTIONS	EMPRUNTS	TOTAL
Crédit Mobilier	60 millions	» mémoire	60 millions
Crédit Foncier	60 —	400 millions	460 —
Crédit Agricole	20 —	» mémoire	20 —
Crédit Mobilier Espagnol	120 —	» —	120 —
Banque Ottomane	67 1/2 —	» —	67 1/2 —
Sous-Comptoir des Chemins de fer	6 —	» —	6 —
Chemins de fer : Est	292 —	500 millions	792 —

A reporter . . . . 1,525 mill. 1/2

	ACTIONS	EMPRUNTS	TOTAL
		Report........	1,525 mill. 1/2
Chemins de fer : Ouest.	150 millions	450 millions	600 millions
— Midi.	125 —	350 —	475 —
— Autrichiens............	200 —	250 —	450 —
Chemins de fer : Nord-d'Espagne........	100 —	120 —	220 —
Chemins de fer : Ouest-Suisse	40 —	37 —	77 —
Chemins de fer Central-Suisse	37 —	38 —	75 —
Canal de l'Èbre......	33 —	» mémoire	33 —
Compagnie Transatlantique..........	40 —	16 millions	56 —
Entrepôts et Magasins généraux de Paris..	12 1/2—	» mémoire	12 1/2—
Compagnie immobilière	24 —	48 millions	72 —
Gaz Parisien.........	84 —	24 —	108 —
Compagnie des Asphaltes...........	» —	» —	» —
		Total..........	3,704 millions

« Depuis 1863, M. Émile Pereire s'est retiré des Compagnies de l'Est et de l'Ouest ; le Canal de l'Ebre a disparu de la côte ; la Compagnie immobilière s'est fusionnée avec les Ports de Marseille ; le Crédit mobilier de France a doublé son capital ; les Compagnies de chemins de fer ont émis de nouveaux emprunts : telles sont les principales mutations survenues. Ajoutons qu'à la Compagnie générale des Asphaltes, M. Pereire est simplement au conseil de surveillance. Nous disons donc qu'en 1863, M. Émile Pereire avait, à lui seul, la main sur 3 milliards 700 millions.

« Les castes marchent par clans et dynasties. En effet, il faut plus que de la camaraderie pour soutenir un aussi monstrueux monopole ; il faut un lien de famille, la coalition de toute une tribu. A côté de M. Émile Pereire, son frère Isaac réunit douze places d'administrateur ; son neveu Eugène est déjà à neuf ; la famille Pereire est de plus alliée aux Thurneyssen ; de telle sorte, que de frères à neveu et à gendre le clan Pereire-Thurneyssen a la main dans une cinquantaine de Compagnies et sur près de 5 milliards.

« Nous trouvons à la tribu Rothschild neuf dignitaires, répartis dans les diverses capitales de l'Europe. Ils ont qualité d'administrateur dans trente Compagnies cotées à la Bourse de Paris. Ils dirigent notre chemin de fer du Nord en famille ; ils y comptent cinq places d'administrateurs : James (décédé), Nathaniel, Alphonse, Anthony et Lionel de Rotshchild. Ces deux derniers résident à Londres ; mais le lecteur a déjà compris que la distance et l'absence importent peu pour de pareilles fonctions.

« Les clans Odier, Talabot, Mallet, Dubochet, Le Hon, Darblay, Bischoffsheim, Cibiel, Bartholony, Salvador, Benoist-d'Azy, de Rainneville, etc., moins connus, moins brillants, tiennent cependant une large place dans la gestion des Compagnies financières. Mirès était isolé, ç'a été sa perte. Avant tout, il lui fallait faire souche et se contenter d'une position effacée, sous le patronage de quelque haut baron de la finance. Sa race serait arrivée à la génération suivante.

« Depuis une dizaine d'années, il s'est manifesté une tendance jusque-là inconnue chez MM. les financiers. Il y en a plusieurs au Sénat. Le Corps législatif a donné entrée aux trois Pereire, à MM. Le Hon, Calvet-Rogniat, d'Albuféra, Frémy, Talabot, E. André, Delebecque, Bartholony, Darblay, Calley-Saint-Paul, etc. A ce sujet, d'honnêtes journaux ont soulevé une question fort grave au fond, mais naïve dans les circonstances où elle se produisait : à savoir s'il n'y avait pas incompatibilité entre les fonctions d'administrateur d'une Compagnie traitant avec l'État et le mandat de député appelé à voter sur les conditions faites aux dites Compagnies, par l'État. On s'est hâté de passer à l'ordre du jour, conformément aux conclusions du journal *le Siècle*, qui a démontré que les incompatibilités sont un principe anti-démocratique. Le fait est que les fonctions publiques ne peuvent que fortifier la caste. Il s'est produit dans les discussions du Corps législatif de timides observations au sujet de certains scandales financiers Aussitôt la troupe des administrateurs a fait corps contre l'ennemi. La vigueur avec laquelle elle a donné, prouve qu'elle se sent forte de son droit, et qu'elle ne se départira d'aucun de ses priviléges. » (1).

Voilà les hommes qui sont à la tête des six grands commandements dont nous avons parlé, voilà ceux qui se partagent l'administration de nos chemins de fer. Croit-on que le mandat qu'ils exercent soit désintéressé, que les fonctions qu'ils remplissent soient absolument gratuites ? Aucun traitement n'est attaché à la qualité d'administrateur, purement honorifique en apparence, mais en réalité lucrative.

Ces dignitaires, parfaitement honorables du reste, qui constituent, au nom de chaque Com-

______

(1) *La Spéculation devant les tribunaux. Pratique et théorie de l'Agiotage.*

pagnie, un aréopage appelé à statuer sur tout ce qui touche à leur intérêt et à celui de leurs actionnaires, avec lequel les pouvoirs publics traitent comme avec une puissance ; ces administrateurs enfin reçoivent toutes les fois qu'ils sont assemblés, et le cas se présente souvent (1), ce que les officiers ministériels appellent une vacation, c'est-à-dire un salaire de 40 francs à titre de jeton de présence (2).

La Compagnie de Paris à Lyon et à la Méditerranée, qui occupe le premier rang par l'importance de son réseau, a ainsi composé son conseil d'administration :

Président : S. Dumon, G. O. ✳; *Vice-Présidents :* Cte Benoist-d'Azy ✳; Gouin, C. ✳, sénateur. *Membres du Conseil :* Bartholony, O ✳; Blount ✳; Dufour (L.) ✳; Duc de Galliera; Galliline; Girod de l'Ain (E.) ✳ député; Hély-d'Ois-

(1) Le conseil de régence de la Banque se réunit trois fois par semaine. Il est alloué à chacun de ses membres un jeton de 24 francs par séance.

(2) Cette institution remonte à Louis XIV, qui chargea l'Académie des inscriptions et belles-lettres du dessin des médailles. On a dit que ces jetons avaient servi d'abord à fonder à Paris le Cercle des Chemins de fer, et plus tard à le subventionner. Peu importe l'usage qu'on en a pu faire ou la destination qu'on leur donne encore aujourd'hui. On a proposé, il est vrai, de les supprimer ; mais nous n'avons pas appris que cette mesure eût reçu son exécution.

sel ✳; baron Hottinguer (R.); Le Roux, O. ✳; Mallet (E.); Émile Martin, O. ✳; De Monicault, O. ✳; Pastré; Poisat, O. ✳; Réal ✳; Revenaz ✳; Rey de Foresta, O. ✳; Baron Rivet, O. ✳; Baron de Rothschild; Baron Seillière; Teisserenc de Bort ✳; Marquis de Vaulchier; Gérard West ✳.

Directeur général de la Compagnie : Paulin Talabot, C. ✳, député.

Membres à la fois de plusieurs conseils d'administration, ils émargent ainsi au grand-livre des Compagnies des honoraires qui, additionnés, grossissent la somme des bénéfices qu'ils retirent de leur exploitation.

On dira qu'ils sont assez riches, qu'ils ont d'assez beaux revenus pour négliger un si mince profit, qui ne dépasse guère une moyenne de vingt mille francs. Cela n'étonnera aucun de ceux qui ont pu lire que « M. Walewski, dont la succession ne s'est pas élevée au-delà de deux millions, est mort pauvre. » Mais comme tout est relatif en ce monde, n'oublions point que nous écrivons pour un public qui apprécie l'argent à sa juste valeur.

L'influence que MM. les administrateurs doivent à leur mandat les autorise à conclure avec leurs compagnies divers marchés au nom et pour compte d'autres Compagnies qu'ils représentent; par exemple : stipuler d'une part, en la qualité précitée, et fournir d'autre part, comme maîtres de forges, constructeurs-mécaniciens, directeurs ou gérants de mines de houille, etc., une quantité déterminée de combustible, rails, coussinets, locomotives, etc.

Passez-nous la rhubarbe, disent-ils à leurs collègues, nous vous passerons le séné ; et l'on voit en ces sortes d'affaires tel administrateur figurer tour à tour, au nom des parties contractantes, sur les écritures de mainte Compagnie.

Que si, *proh pudor* ! ils dissimulent leur participation derrière la personnalité d'un gérant ou de tout autre de leurs collègues, la forme seule change, mais le fond ne reste pas moins le même, et l'on ne dira pas qu'il y a là-dessous une camaraderie de bas étage.

Cette qualité industrielle n'aurait aucun inconvénient, si trop souvent l'intérêt des uns n'était subordonné à celui des autres.

Qui oserait affirmer que les fournitures ainsi faites ont rempli les conditions voulues; que le fer forgé des essieux, le fer laminé des rails, étaient de bonne qualité ; que la houille notamment contenait les proportions de charbon, de bitume ou de matières terreuses qui la distinguent ; que sa puissance calorifique ou son pouvoir rayonnant n'ont pas été inférieurs à ceux des houilles d'un même bassin ; qu'elle a brûlé sans se coaguler ni engorger les grilles ; que la proportion des cendres et résidus de combustion n'a pas excédé 10 p. 0/0 ; que, par suite, on a pu en tirer tout le parti qu'on espérait ? Qui pourrait dire enfin, qu'aucun accident de chemin de fer ayant entraîné mort d'homme, n'a reconnu pour cause la mauvaise qualité des matières fournies ?

S'il n'y a aucune probabilité, c'est du moins dans les choses possibles.

On objectera que jamais une voie n'est livrée au public, sans qu'une commission composée d'inspecteurs et d'ingénieurs ne l'ait, au préalable, attentivement, soigneusement, minutieusement examinée, visitée, et qu'il en est de la voie comme des locomotives, des wagons, ainsi que de toute fourniture relative à l'exploitation d'un chemin de fer. Soit ! mais peut-on se montrer bien sévère, quand on se trouve en présence d'un homme qui réunit en sa personne ou dans celle de son délégué, la double qualité de fournisseur et d'administrateur, au-dessous duquel on est hiérarchiquement placé ?

Dans une inspection de vieux matériel, deux employés représentant une Société industrielle et une Compagnie de chemin de fer, croyant concilier leur devoir avec les égards dus à leurs commettants, du reste, étroitement unis par des liens d'intérêt, s'entendaient à merveille pour maintenir en état de service ce qui, avec moins de complaisance, eût été réformé, ne réformant que ce qui était devenu impropre à tout usage.

D'après une circulaire ministérielle, « les ruptures de rails sont l'une des causes les plus fréquentes des déraillements qui surviennent dans l'exploitation des chemins de fer, et ces ruptures elles-mêmes proviennent le plus souvent de l'état de vétusté des rails que l'on a retournés après l'usure ou l'exfoliation des deux champignons. »

Si dans l'inspection de vieux matériel que nous signalons, il s'agissait de rails, le lecteur conviendra que la Compagnie se rendait éventuellement complice d'homicide par imprudence.

Nous ne parlerons pas des avantages que

MM. les Administrateurs savent tirer de leur position. Outre qu'ils circulent gratuitement sur toutes les lignes, et c'est justice, de riches, de commodes voitures sont mises à leur disposition toutes les fois qu'ils voyagent, même pour leur bon plaisir.

A tout seigneur, tout honneur !

Quand l'âge enfin a accumulé sur leur tête assez d'années pour la courber, nous aimons à croire qu'ils trouvent dans la caisse de l'exploitation le moyen de soutenir leur vieillesse chancelante.

On cite un ancien président de la Compagnie de ***, mis à la retraite, qui reçoit une pension viagère de 6,000 francs, comme fiche de consolation.

LES INGÉNIEURS

L'ingénieur au service d'un chemin de fer ne bâtit plus de châteaux en Espagne. Voyez là-haut ce manoir, un vrai castel avec tourelles.....

Autour du Conseil qui préside aux destinées de l'exploitation, rayonne et gravite, comme vers un astre, une pléiade d'ingénieurs des mines ou des ponts et chaussées.

Ceux-ci ont été incorporés dans le personnel des chemins de fer, en vertu d'un congé délivré par l'État, auquel ils ne cessent d'appartenir. Renouvelable après chaque période quinquennale, ce congé leur permet de continuer, auprès des Compagnies, un service beaucoup mieux rétribué que celui des ponts et chaussées. On conçoit qu'ils n'ont garde de le laisser périmer; car, à l'inverse de ceux qui sont accordés à la plupart des fonctionnaires publics, celui-ci double, triple, décuple même le traitement qu'ils recevaient de l'État. Outre ce traitement, qui varie de dix mille à cent mille francs, MM. les ingénieurs touchent une prime et des gratifications qui portent à plus du double de si beaux émoluments.

Nous recommandons cette carrière aux pères de famille jaloux d'assurer des moyens d'existence à leurs enfants.

Mais, dira-t-on, *non licet omnibus adire Corinthum*, il n'est pas permis à tout le monde d'aller à Corinthe, et à moins d'être un homme de génie, on ne devient pas ingénieur.

Si vous avez le monopole (1) des chemins de fer, messieurs, nous vous contestons celui du génie ; car parmi les choses les plus utiles, vous n'avez pas même inventé la chaudière tubulaire, œuvre d'un ingénieur civil français, et moins encore le mode de tirage connu sous le nom de jet de vapeur, que nous devons à un ouvrier mineur anglais.

Nous reconnaissons volontiers que vous êtes des hommes supérieurs ; mais enfin nous avons parlé d'un ingénieur civil, ce qui n'est pas à

(1) L'étymologie de ce mot μονος πολειν vendre seul, ne s'accorde guère avec la signification que nous lui attribuons ; mais il se prend abusivement pour privilége et nous le trouvons employé dans ce sens, par les plus recommandables auteurs.

beaucoup près la même chose, et nous demandons si on ne trouverait pas dans cette classe de citoyens et dans celle non moins intéressante des conducteurs des ponts et chaussées, des hommes capables de rendre et surtout de faire payer moins cher des services semblables aux vôtres.

Mais non, ces ingénieurs civils, ces conducteurs sont des parias auxquels vous refusez l'avancement que le mérite et l'ancienneté trouvent dans la plupart des carrières. Si en vertu d'une législation nouvelle, quelques-uns deviennent ingénieurs des ponts et chaussées, la proportion en est si minime, qu'on pourrait presque l'appeler une exception.

Lorsqu'en de très-rares cas un élève de l'École centrale arrive, dans la Compagnie de Paris à Lyon et à la Méditerranée, à être promu ingénieur, on nous assure que jamais sa paye n'atteint celle de ses collègues des ponts et chaussées qui exercent les mêmes fonctions.

Nous serons certainement compris de la masse de nos lecteurs, et plus particulièrement des hommes spéciaux qui liront ces lignes.

A la place du conseil auquel appartenait le commandement, quelques Compagnies ont élu un directeur général, à qui, elles ont délégué tous les pouvoirs, y compris ceux du conseil d'administration.

Cette mesure a-t-elle contenté tout le monde ? Permis d'en douter ; au demeurant, elle était dans la logique des choses.

« Et c'était une réforme bien urgente, dit M. Siebecker, dans sa *Physiologie des Chemins de fer* (1).

« Quelques-uns de ces hobereaux du livre d'or de la finance faisaient litière pour eux, leurs fils, leurs petits-fils, neveux, cousins, domestiques, compatriotes, de ces grandes entreprises chargées de faire fructifier la fortune publique.

« Que de fois des indulgences coupables sont venues couvrir des actes trop qualifiables ! Que de fois des scandales mal étouffés ont jeté sur toute une classe honorable, dans son ensemble, une sorte de mauvais vernis qui n'était l'apanage que de quelques drôles trop protégés !

« Mais peu à peu, ajoute cet auteur, les réformes ont eu lieu, et aujourd'hui l'intégrité et l'honorabilité des directeurs rendent tous les

(1) Cet ouvrage apologétique jouit du privilége d'être vendu dans les gares de chemins de fer.

petits tripotages, les dols, les concussions sinon tout-à-fait impossibles, il faut faire la triste
part de l'humanité, du moins tellement difficiles, qu'à peine commis ils sont connus et
presque toujours immédiatement punis.

« Et il y en a eu de ces vols ! Leur histoire
seule ferait tout un volume. »

Nous ferons remarquer à M. Siebecker que
si ces hobereaux, ainsi qu'il appelle très-irré-
vérencieusement de hauts et puissants seigneurs, ne font plus litière pour eux, leurs
fils, neveux ou petits-fils, les rôles sont tout
simplement intervertis.

Il suffira de jeter un regard sur telle ou
telle Compagnie pour y découvrir, à l'œil nu,
une légion de déclassés, tous plus ou moins
parents ou alliés, amis ou protégés de l'ingénieur en chef directeur général et de MM. les
ingénieurs en chef ou ingénieurs ordinaires, à
la tête des principaux services.

Quoi qu'il en soit de cette délégation de
pouvoirs, MM. les administrateurs y ont gagné
une indépendance relative, et si la critique
conserve son droit, les scrupules sont levés
dans la conclusion de nouveaux marchés avec
leurs Compagnies.

Le directeur général commande, à l'instar d'un maréchal de camp, à une armée d'employés.

C'est le plus souvent un ingénieur des mines ou des ponts et chaussées, qui reçoit un traitement de 100,000 francs, et à la fin de l'année une gratification égale au traitement, soit 100,000 francs : ensemble, 200,000 francs.

« On m'affirme à l'instant, dit le baron de Janzé, dans sa collaboration à l'ouvrage qui a paru sous le titre : *Accidents de chemins de fer*, ouvrage que nous recommandons à ceux de nos lecteurs qui auraient besoin d'être édifiés, on m'affirme, dit cet honorable député, que des gratifications de 150,000 francs et 125,000 francs viennent d'être accordées à certains gros bonnets de la Compagnie d'Orléans; je transmets la nouvelle, sous toutes réserves, à mes collègues de la Commission du budget, chargés de réduire à leur juste valeur les demandes de garantie d'intérêt de nos différentes Compagnies de chemins de fer. »

Le directeur général est suivi d'un état-major, composé d ingénieurs qui sont payés à l'avenant.

Voici, dans l'ordre du tableau, la série des emplois qui leur sont dévolus :

Ingénieur en chef, directeur général;

Ingénieur en chef, directeur de l'exploitation;

Ingénieur en chef, directeur de la construction;

Ingénieur en chef, directeur de l'entretien et de la voie;

Ingénieur en chef, directeur du matériel et de la traction.

Chacun de ces directeurs commande à plusieurs chefs de service répartis dans l'ordre suivant :

Ingénieurs ordinaires, chefs de l'exploitation;

Ingénieurs ordinaires, chefs de la construction;

Ingénieurs ordinaires, chefs de l'entretien et de la voie;

Ingénieurs ordinaires, chefs du matériel et de la traction.

Nous ne comptons pas de nombreux ingénieurs attachés aux études, des ingénieurs consultants et, pour clore cette trop longue liste d'ingénieurs, des ingénieurs du contrôle, dont nous aurons occasion de parler. On ne dira pas que la France est dépourvue de génie, ou plutôt d'ingénieurs.

« Auprès du ministre, et présidé par lui, ajoute M. le baron de Janzé, siége un comité consultatif de vingt-neuf membres, parmi lesquels on compte sept inspecteurs généraux des mines et des ponts, et six inspecteurs généraux des chemins de fer; c'est à ce comité qu'est réservée la solution de presque toutes les questions relatives aux Compagnies de chemins de fer (1).

« Les six inspecteurs généraux des chemins de fer qui font partie de ce comité constituent à eux six une commission permanente sans attributions bien définies et sans rôle actif ; car, si nous sommes bien renseigné, les agents du contrôle ne connaîtraient encore aujourd'hui que

(1) Au nombre de ces sept inspecteurs généraux des ponts et chaussées et des mines, nous trouvons le directeur général des ponts et chaussées et des chemins de fer, et le secrétaire général du ministère des travaux publics. N'est-il pas utile de rappeler ici que les directeurs des Compagnies de l'Ouest et d'Orléans sont deux inspecteurs généraux des ponts et chaussées, et que la Compagnie de l'Est, qui a pour directeur un ingénieur des mines, compte aussi parmi ses administrateurs un inspecteur général des ponts et chaussées ?

par ouï-dire l'existence de cette commission, de création assez récente, etc., etc.

« Chacun des six inspecteurs généraux est payé 15,000 francs; les huit inspecteurs principaux touchent chacun 8,000 francs; les quatorze inspecteurs particuliers chacun 5,000 francs. »

Ces salaires n'ont certainement rien d'exagéré de la part de l'État, qui est plus riche, après tout, que les Compagnies réunies de France et de Navarre.

Mais dans le domaine des chemins de fer on ne lésine pas; après le directeur général, dont le traitement est susceptible de s'élever à plus de deux cent mille francs, viennent le directeur de l'exploitation, qui reçoit 50,000 francs; les ingénieurs en chef, auxquels on donne 30,000 francs; les ingénieurs ordinaires, qui sont payés à raison de 20,000 francs et au-dessous.

N'oublions pas que les gratifications augmentent ce traitement, que les primes sur les travaux, les frais de déplacement et accessoires contribuent à élever encore et toujours.

Ces chiffres portent en eux leurs commentaires.

Vraiment, messieurs les ingénieurs, vous

calculez trop bien, et l'on ne croira plus..... que les Compagnies sont des marâtres desquelles vous recevez de mauvais traitements!

« En résumé, dit M. Borde, un bon juge en matière de chemin de fer, la position de directeur général équivaut à celle de *deux ministres;* celle du directeur de l'exploitation, à la position *d'un ministre;* du directeur des travaux, à celle *d'un maréchal de France* en activité; l'ingénieur de l'exploitation vaut *deux sénateurs,* pour parler le langage économique des Américains. »

Avant d'aller plus loin, on nous permettra une simple question.

Pourquoi l'exploitation des voies ferrées est-elle exclusivement aux mains d'ingénieurs? Est-ce à dire qu'elle exige des connaissances spéciales dont ils aient eu à faire preuve avant d'entrer dans les mines ou les ponts et chaussées? Assurément non!

« Dominant par l'exploitation de cet incomparable instrument, dit Proudhon, tout le travail circulatoire, les Compagnies concessionnaires deviennent les arbitres de l'échange, de la finance, du crédit, de l'industrie, de l'agriculture, de l'extraction forestière et minérale, en un mot, de toute l'économie sociale, y compris le Gouvernement. »

On concevra sans peine que les hommes qui exploitent nos chemins de fer, soient appelés à toute autre chose qu'à dresser un projet ou résoudre un problème qui s'y rattache.

M. Siebecker, au surplus, a bien voulu répondre à cette question.

« On a demandé bien souvent pourquoi, dit-il, au lieu d'ingénieurs de l'État, on n'avait pas confié ces services à de grands industriels ou d'anciens commerçants expérimentés.

« Tout en rendant justice à l'honorabilité du grand négoce, nous sommes obligé d'avouer que l'habitude de la conduite de ses affaires particulières, donne au commerçant un certain amour du lucre, de la fortune, qui développe chez lui ce que Lavater appelle les instincts d'acquisivité. Le fonctionnaire est moins sujet à ces tentations, surtout lorsque sa position le conduit lentement, mais sûrement, à une fortune. Il a, comme tout homme intelligent, une dose d'ambition; mais cette ambition est d'une nature plus relevée, et il vise plutôt aux honneurs qu'à l'argent. »

Nous ferons observer à l'auteur de la *Phy-*

siologie des Chemins de fer, que ces instincts .d'acquisivité, dont parle Gall et non Lavater, ne distinguent pas seulement l'industriel, le commerçant, mais que MM. les ingénieurs en sont merveilleusement doués.

Comment celui-ci, qui jadis prêchait la doctrine de Saint-Simon, pauvre alors, donnant l'exemple d'un rare désintéressement, a-t-il pu, sans autre ambition que celle des honneurs, acquérir une si grande somme de biens et gagner à la fois et l'honneur et l'argent ?

Comment, élevé à l'école du malheur, est-il arrivé si opinément à la fortune, celui-là dont les ascendants perdirent un riche patrimoine au milieu de nos convulsions politiques?

Comment cet autre est-il devenu principal actionnaire d'une exploitation de mines, de hauts fourneaux; ce dernier d'une institution de crédit, d'une compagnie de navigation ?

Comment ceux-ci associés à l'entreprise qu'ils dirigent, sont-ils parvenus à étayer leurs fonctions d'un nombre assez considérable d'actions pour n'avoir pas à redouter les vicissitudes administratives?

Comment ceux-là. . . . . mais un mur nous arrête, et ce mur a mis la vie privée à l'abri de nos indiscrétions; nous ne le franchirons pas.

Un dernier trait : l'ingénieur au service d'un chemin de fer ne bâtit plus de châteaux en Espagne. Voyez là-haut ce manoir, un vrai castel avec tourelles.... A l'instar de ce roi, qui voulut avoir.... sa villa en province, un ingénieur, homme de génie celui-là, a édifié cette somptueuse demeure. On dit même qu'il est bon prince, *rara avis*, mais cela ne suffit pas à sa gloire.

Acquéreur d'une usine peu exploitée jusqu'alors, parce qu'elle manquait de voies nécessaires à l'écoulement de ses produits, bientôt un chemin de fer aura comblé cette lacune, et on se demande où le conduiront les deux exploitations se prêtant un concours auquel il est doublement intéressé : à la fortune ou aux honneurs (1) ?

---

(1) On lit dans un journal : Les produits de X. (l'usine dont s'agit) fourniront prochainement un contingent journalier très-important, si l'entente s'établit, comme c'est à désirer, entre la Compagnie qui l'exploite et la Compagnie concessionnaire du chemin de fer. O béotien ! mais le doute est-il possible, l'ombre, le soupçon d'un doute peuvent-ils exister au sujet d'une entente d'autant plus certaine qu'elle est intéressée ?

Vous êtes par trop naïf !

Nous ferons remarquer au lecteur, qu'on a étrangement abusé,

A Dieu ne plaise que nous contestions la légitimité de tous ces biens ! L'or, ici, n'a nul besoin de certificat d'origine, et l'anonyme couvre tant de choses! Mais s'il nous était permis d'examiner de près le crâne de ceux auxquels ils appartiennent, nous y découvririons certainement la protubérance à laquelle l'illustre phrénologiste attribuait l'instinct d'acquisivité.

Il est vrai que parmi les sentiments indélibérés dont l'homme est capable, ce dernier est l'un de ceux qu'on rencontre le plus communément.

Un coup d'œil, s'il vous plaît, sur notre état social. En haut comme en bas, de tous côtés, en un mot, que voyons-nous? Des hommes surexcités par une insatiable soif de l'or, se livrer avec une fiévreuse ardeur à la poursuite des richesses, et dans cette course effrénée, rapide, insensée, ne pas toujours dédaigner les moyens les moins honnêtes pour atteindre leur but.

Vouloir faire de cet instinct le partage exclu-

à notre époque, de la dénomination collective de compagnie, et que maint individu l'a ajoutée à sa raison de commerce, qui n'eut jamais ni associés ni commanditaires.

sif de l'industriel ou du commerçant est un acte de souveraine injustice, et l'assertion de M. Siebecker nous semble voisine du paradoxe, si elle n'est absolument contraire à la vérité.

Jusqu'à preuve du contraire, donc, nous sommes autorisé à penser qu'il fallait à l'exploitation de nos chemins de fer, d'autres aptitudes que celles de MM. les ingénieurs, hommes d'une grande valeur, sans doute, mais plus versés dans la pratique des sciences exactes que dans la connaissance des intérêts que ces voies sont appelées à desservir.

La Chambre de commerce de Marseille réclame, au nom d'une industrie en souffrance, une réduction de tarifs sur le transport des laines. Nous ne la suivrons pas dans son argumentation; d'ailleurs le moment n'est pas venu de discuter l'opportunité d'une mesure sollicitée, depuis, par les Chambres consultatives de Roubaix, Tourcoing et autres cités manufacturières.

Un ingénieur sera-t-il bon juge du mérite de cette réclamation, saura-t-il l'apprécier avec l'intelligence nécessaire à la solution d'une question industrielle ou commerciale? Nous ne le pensons pas.

Pour statuer à bon escient, il devrait connaître la matière d'abord, la quantité approximativement récoltée dans les lieux de production, le mouvement de cet article à l'importation, les besoins de la consommation, posséder, en un mot, autant de données capables d'éclairer sa religion.

Mais qu'importe à cet ingénieur que, par suite de l'élévation des tarifs, le courant de l'exportation des laines de la Plata soit presque exclusivement dirigé sur Anvers, et que les laines du bassin méditerranéen, empruntant la voie maritime, entrent en France par Dunkerque ou Bordeaux, au lieu de transiter par Marseille. De telles questions ne sont point de sa compétence.

On objectera qu'il saisit le conseil d'administration de toute réclamation qui lui est adressée et qu'il met ainsi sa responsabilité à couvert. Nous ne sommes pas dans les secrets des dieux, mais, à tort ou à raison, nous soupçonnons ce conseil d'opiner du bonnet, c'est-à-dire de partager, dans la plupart des cas, l'avis qui lui est soumis en manière de conclusion, par l'ingénieur en chef de l'exploitation.

Au surplus, une Compagnie de chemins de

fer n'a pas à se préoccuper du sort de telle
industrie à Marseille ou ailleurs. Pour elle,
tout se réduit à une question d'équilibre, ou si
l'on veut, de balance entre la quantité de
marchandise reçue dans ses gares, et les
moyens dont elle dispose pour la voiturer.

La question du transport et subsidiairement
des tarifs étant inséparablement liée à l'existence de l'industrie et du commerce, on comprendra aisément qu'un chemin de fer soit
autre chose qu'une voie doublée de rails, dont
la construction et l'entretien peuvent bien
appartenir à des ingénieurs, mais dont l'exploitation doit être distraite du service des mines
ou des ponts et chaussées.

Car, il n'y a pas seulement dans cette juxta-
position de rails et du matériel roulant, auquel
ils servent de conducteur, un instrument de
locomotion inventé pour les menus plaisirs,
mais encore un agent de transport jouant dans
l'économie un rôle tel et prenant une telle
part à tout ce qui concourt à la vie matérielle
de l'homme, qu'il ne saurait être laissé plus
longtemps au pouvoir de ceux qui l'exploitent.

Cet utile et indispensable auxiliaire du
commerce et de l'industrie ne vous semble-t-il

pas déplacé dans les attributions de MM. les ingénieurs ?

Que diriez-vous si, beaucoup moins rétribués, ceux de leurs collègues au service de l'État se mettant en grève dans le but d'obtenir la haute paye des premiers, on confiait, par exemple, l'exploitation des mines ou la construction des ponts aux inhabiles mains des membres du Bureau des longitudes ?

L'hypothèse dans laquelle nous nous plaçons (il ne s'agit ici ni de celle de Képler, ni de Wardus et moins encore de celle de Copernic) pourra paraître hardie, mais enfin c'est une hypothèse qui autorise même l'invraisemblance ; et puis nous vivons à une époque et dans un temps où l'on voit tant d'anomalies, que nous ne devrions point nous étonner de ce qu'on ait érigé en voituriers, des ingénieurs des mines ou des ponts et chaussées.

Nous savons qu'avec le système de centralisation qui fait rayonner vers Paris la province entière, le gouvernement a voulu exercer sur les chemins de fer, une action qui lui semblait d'autant plus probable que ceux-ci sont exploités par des hommes qui lui appartiennent.

Mais cette action est-elle effective ? Nous verrons ci-après qu'elle est purement nominale.

Que les Compagnies se hâtent de remplacer dans l'exploitation de leurs chemins, les ingénieurs par les grands industriels on les anciens commerçants qu'on a pris soin d'en écarter. Elles y trouveront certainement leur compte.

Ceux-ci rompus aux affaires, familiarisés avec les transactions, ayant acquis dans une longue pratique des connaissances spéciales et contracté des habitudes d'ordre et d'économie, sans lesquelles aucune entreprise ne saurait prospérer, seront beaucoup plus aptes à résoudre les problèmes que l'imprévu pose chaque jour à l'industrie voiturière.

A propos de tarifs, quand on leur parlera de céréales, de vins et eaux-de-vie, de sucres, de cafés, d'huiles et de tourteaux, de soies gréges, de laines en suint ou de cotons longue soie, de savons et de mille autres produits indigènes ou exotiques, bruts ou manufacturés, ils sauront à quoi s'en tenir et auront bientôt saisi, avec cette intuition qui est propre aux natures d'élite, les moindres détails, les plus petites comme les plus grandes complications.

Là, du moins, ils seront dans leur élément. *Cuique suum*. La comptabilité d'abord et les opérations multiples auxquelles donne lieu l'exploitation des voies ferrées, trouveront dans l'expérience et les lumières de grands industriels et d'anciens commerçants, de sérieuses garanties, et comme, en dernière analyse, un chemin de fer n'est ni plus ni moins qu'une entreprise de roulage, une exploitation commerciale qu'ils sauront conduire avec l'esprit et les qualités qui les distinguent, on pourra dire que ces hommes sont chez eux.

Telle est notre opinion ; telle nous la formulons bien imparfaitement, il est vrai, mais sans détour, avec l'espoir que l'intelligence du lecteur suppléera à l'insuffisance de notre démonstration. Aurons-nous réussi à la faire partager ? Nous ne saurions nous en flatter, sans doute, mais nous avons une grande confiance dans la bonne foi et l'impartialité de ceux qui liront ces lignes.

L'EXPLOITATION

Les chemins de fer ne datent
que d'hier, en France : les lois
qui les ont créés, pouvaient-
elles se flatter de les bien connaître avant leur naissance ?
NICIAS GAILLARD.

Maintenant, voyons comment sont exploités
nos chemins de fer par ceux-là qui devraient
être uniquement chargés de leur construction
et de leur entretien.

De même que le chef de l'État est responsable de la conduite de ses ministres, ainsi
nous attribuons à MM. les ingénieurs la responsabilité des actes de leurs subordonnés. Cela
va de soi.

Nous ne parlerons que pour mémoire, du
directeur général, un autocrate *in partibus*.....
qui préside aux destinées du réseau et reçoit
une liste civile capable de s'élever à deux cent
mille francs. Signes particuliers : appartient à
la famille des ingénieurs, genre des *aurophiles*.

Voici le directeur de l'exploitation, une puissance réunissant le trafic et le mouvement dans ses attributions.

De tous les services qui concourent à l'administration aucun n'a plus d'importance assurément. L'exploitation est l'objectif vers lequel sont tournés les actionnaires. « Celui qui en est le chef, a dit l'auteur de la *Physiologie des Chemins de fer*, est chargé de faire rendre au faisceau de forces productrices qui lui est confié, tout ce qu'il peut rendre. » Avons-nous besoin d'ajouter qu'il exploite une mine d'or ?

Jamais on ne lui parlera que dans les termes de la plus respectueuse déférence, et lorsqu'il prendra la parole, il ne dira point : la Compagnie à laquelle j'ai l'honneur d'appartenir; il ne s'exprimera pas au nom de la collection d'actionnaires qui le paye à raison de cinquante mille francs; il dira : ma Compagnie, absolument comme un monarque dirait : mon peuple, un chef d'armée : mes soldats. Rarement les *desiderata* du commerce et de l'industrie trouveront grâce devant l'intérêt qu'il représente. Dame! on ne peut contenter tout le monde et sa Compagnie. Trop souvent enfin il fera bon marché des doléances du public, au nom et sous la responsabilité du conseil d'administration.

Saluez cette étoile de première grandeur qui passe et disparaît à vos yeux.

L'ingénieur en chef, directeur de cet important service, est doublé d'ingénieurs ordinaires, chefs et sous-chefs de l'exploitation.

Ceux-ci sont à leur supérieur immédiat, ce que le vice-président est au président de nos assemblées délibérantes.

Ils s'occupent de l'exploitation dans ses détails, surveillent les diverses sections dont se compose le réseau et correspondent avec les inspecteurs principaux placés sous leurs ordres (1).

Et tout d'abord, nous négligerons le trafic pour ne nous entretenir que du mouvement.

A l'ingénieur de l'exploitation succède l'inspecteur principal. La ligne étant divisée en un

(1) Une feuille étrangère (la Presse française n'eût commis pareille indiscrétion) nous apprenait jadis qu'à l'expiration de son congé, l'un d'eux avait reçu la haute paye de douze mois écoulés en un doux repos dans la patrie de Washington.

Mais voici qui fait ombre au tableau : vers la même époque, un employé en permission, qui avait obtenu un sursis au délai règlementaire de douze jours, avait à supporter une retenue afférente à deux semaines de traitement.

certain nombre de sections, chacune d'elles le reconnaît pour chef.

L'inspecteur principal est un podestat, ordinairement un élu du népotisme, qui doit sa position à sa parenté, ses alliances ou ses relations familières, avantages qui lui ont mérité un brevet de capacité sans garantie du gouvernement.

Le public l'assiége, s'adresse à lui pour obtenir la juste réparation de ses griefs; et si dans la plupart des cas, le plaignant conserve la mesure des convenances, il lui arrive de prendre une attitude et de s'exprimer en des termes qui appellent des représailles. Toutefois, l'inspecteur principal n'oubliera point qu'il est l'agent de la Compagnie, et comme il connaît les vices de son administration, il supportera maint assaut, avec l'impassibilité d'un préposé aux pompes funèbres.

Ce n'est pas une mince besogne que la sienne. Bien qu'il soit assisté d'un sous-inspecteur, son Sosie, et d'inspecteurs qui ont mission de le tenir exactement informé de la marche du service, il ne réussit pas toujours à savoir ce qui se passe dans sa section.

Ainsi, l'un de ses subordonnés a pu se livrer

durant longues années à un commerce fort lucratif, consistant à acheter, à vil prix, le déchet en nature diverse, accumulé dans les magasins, et l'on va jusqu'à dire la marchandise qu'il vendait pour la Compagnie, lorsqu'elle lui avait été laissée pour raison d'avarie, ou que, pour toute autre cause, le destinataire refusait d'en prendre livraison.

Le lecteur a compris que l'employé dont s'agit, un madré qui a gagné à ce trafic quelques centaines de mille francs, avait pour acheteur un compère qui n'eût pas mérité le prix Montyon.

Certainement un inspecteur principal ne saurait être responsable de la moralité de son personnel, et moins encore devenir complice d'une malversation ; mais ne pourra-t-on supposer qu'il a de mauvais yeux, qu'il est mal renseigné par ses inspecteurs, et ne sera-t-on pas en droit de le taxer de négligence ou d'ineptie ?

Car enfin, lorsqu'on émarge douze mille francs par an, on devrait y voir clair et sauvegarder l'intérêt attaché au mandat qu'on exerce, en prévenant de semblables abus.

Nous avons dit que l'inspecteur principal est assisté d'un sous-inspecteur. Celui-ci est naturellement la doublure du premier, son *alter ego* son collaborateur ; nous n'en parlerons pas davantage.

Voici la mouche du coche, l'inspecteur du mouvement. Place, s'il vous plaît, à ce fonctionnaire chargé d'inspecter... le personnel et la comptabilité de la section.

Encore un élu du népotisme, au moins en un grand nombre de cas. Nous connaissons un ingénieur qui a peuplé de ses créatures la Compagnie à laquelle il appartient. Frère, beau-frère, neveu, cousin, sont devenus inspecteurs et sous-inspecteurs. Puisse le valet de chambre qui postulait n'avoir pas été oublié !

De ce qu'on est parent ou allié d'un ingénieur il ne faut point conclure qu'on doive à cette circonstance toute fortuite, le degré d'aptitude voulu pour remplir convenablement un emploi dans une Compagnie de chemins de fer.

Pas n'est besoin, sans doute, d'avoir la science infuse et l'on n'exigera point d'un inspecteur un acquis bien lourd à porter ; mais encore devrait-il avoir fait ses preuves. Or comme trop souvent la valeur se mesure au degré d'alliance ou de parenté avec les dépositaires de l'autorité, il s'ensuit qu'on devient inspecteur hors classe, inspecteur de première, seconde, troisième classe, ou sous-inspecteur, selon qu'on sera plus ou moins lié à une notabilité administrative, par les attaches de la consanguinité. Il existe d'autres liens . . . .

Mais le lecteur français veut être respecté.

Nul ne sera plus capable, croyons-nous, de tenir l'emploi d'inspecteur qu'un ancien chef de gare ayant vieilli sous la livrée et lui devant une connaissance réelle du mouvement, comme de tout ce qui, de près ou de loin, se rattache à l'exploitation. Voilà pourquoi une inspection devrait être exclusivement réservée à cette catégorie de serviteurs appelés, du reste, à ces honorables fonctions.

L'inspecteur hors classe, *primus inter pares,* reçoit un traitement qui varie de sept à huit mille francs. Si l'ingénieur n'a pas inventé la chaudière tubulaire et moins encore le mode de tirage connu sous le nom de jet de vapeur, celui-ci n'a pas trouvé, que nous sachions, le mouvement perpétuel. Nous appliquerons à l'un d'eux, qui se distingue par ses alliances de famille, cette maxime de droit maritime : le pavillon couvre la marchandise, et nous serons compris.

Viennent ensuite l'inspecteur de première classe payé à raison de six mille francs, et successivement les inspecteurs de seconde et de troisième classe qui touchent cinq mille et quatre mille francs. Aux uns et aux autres, sont alloués des frais de déplacement et des gratifications qui augmentent notablement le salaire de ces employés.

Il y a de plus des sous-inspecteurs auxquels on donne trois mille six cents francs. Un chef de gare qui recevait quatre mille six cents francs, promu sous-inspecteur, a conservé son traitement, supérieur de mille francs à celui attaché à sa nouvelle position.

Au demeurant, l'inspecteur est maître de la section, et d'autant plus maître qu'il n'est surveillé, contrôlé par personne. L'inspecteur principal s'en remet volontiers à lui du soin de le tenir au courant de ce qui concerne son mandat. Ses appréciations sont souveraines, et comme elles sont sujettes à erreur, il tient en ses mains le sort de nombreux employés.

Deux croquis à la plume : M. Siebecker nous fournit le premier ; nous avons pris le second, sur le vif, dans nos excursions en chemin de fer.

« Celui-là, par exemple, n'eût pas trompé le physionomiste. Il avait cinq pieds huit pouces, la poitrine large, les attaches solides. Ses cheveux étaient noirs, son teint hâlé. Deux ou trois fois par jour, pendant une demi-heure, il se promenait de long en large, dans la salle des Pas-Perdus, une trique à la main, l'œil insolent, la lèvre impudente, caressant de sa poigne d'argousin sa moustache et son impériale noires comme du jais, et étalant un bout de ruban rouge que je ne sais quel ministre d'un jour lui avait jeté à la boutonnière, pour des services inavouables rendus au lendemain d'une émeute, sous Louis-Philippe...

« Il était, ma foi, inspecteur; il avait droit de haute et basse justice sur ce personnel si honorable et si intrépide du service actif; il s'amusait à passer des revues, le dimanche, comme un chef de corps, et punissait pour un bouton mal cousu ou une barbe qui n'était pas taillée suivant ses décrets. Rechercher les sources de cette haute position, nous ne le pourrions sans plonger dans l'égout. Laissons cela!

« Qu'une femme un peu jolie se trouvât sur sa route, elle était en butte à ses obsessions. Pour les faciles, il avait, aux environs de la gare, un appartement de viveur, où il invitait parfois les pieds plats qui composaient sa cour. Il avait quatre mille francs d'appointements, et avec ses indemnités de route, arrivait à six. Dans un logement plus que modeste, à l'extrémité de Paris, il avait une femme et un enfant qui manquaient de tout. De temps en temps, des bruits mystérieux circulaient dans la gare : un vol avait été commis pendant la nuit. — C'était un group disparu du fourgon d'un chef de train; c'était le tiroir d'un sous-chef de gare fracturé et cinq cents francs et une montre en or enlevés. Un tel et un tel ont été arrêtés..... On se regardait, on souriait d'une manière imperceptible et l'on disait : Chut! Du reste, au bout de quelques jours, les prévenus, après avoir vu leur innocence proclamée, étaient relâchés. Quant à M. l'inspecteur, il était en tournée et revenait peu de temps après plus superbe et plus insolent que jamais.

« Une de ses affaires les plus pittoresques est celle-ci :

« Les chefs de deux gares importantes arrivent à Paris et laissent leurs bagages chez leur collègue. M. l'inspecteur s'y trouve. On cause. Un carnier et un fusil de chasse sont déposés dans un coin. Au moment de partir :

« — Diable! dit l'un de ces messieurs, j'ai sur moi une somme assez importante. A Paris il faut éviter les tentations, surtout celles des autres; je voudrais bien mettre cette somme en lieu sûr.

« L'œil du sire s'allume ; il s'agissait, je crois, d'un millier de francs.

« — Parbleu! répondit-il, il y a un moyen bien simple; ce sont des billets, n'est-ce pas? Faites-en des boulettes et glissez-les en guise de bourre dans vos canons de fusil.

« — Tiens, c'est une idée!

« Le soir, en revenant, on examine l'arme, elle était déchargée! M. l'inspecteur était parti en tournée.

« Lorsqu'il en était temps, on étouffait les affaires. — Défense était faite au volé d'ouvrir la bouche. Quand les choses arrivaient aux oreilles de la police, on laissait l'enquête s'égarer dans les ténèbres des suppositions. Mais qui trompait-on en définitive? — Personne...

excepté la justice. La peur, ce huitième péché
capital, la peur, mère de toutes les lâchetés et
de toutes les infamies, paralysait les langues.
La peur de quoi ? objectera-t-on. La peur, cette
peur spéciale que j'appellerai la peur d'employé..... la peur de tout et par conséquent de
rien. On parlait d'un puissant rempart qui le
couvrait. Allons donc ! nous sommes en France,
et la vérité, criée d'une voix hardie, fait comme
les trompettes de Jéricho : elle bat en brèche
les plus fortes murailles. D'autant plus que ces
appuis quand même, donnés à des gredins de
cette espèce, cachent toujours, entre le protecteur et le protégé, quelque lien peu propre.....

« Malgré cela ce scandale, le croirait-on ? dura
sept ou huit ans. Le total de ses vols s'élevait à
une somme énorme, et il n'avait jamais été in-
quiété, quand un homme adroit le fait prendre
pour un malheureux billet de première classe,
d'une valeur de 19 fr. 40 c. »

Or ce coupon avait été soutiré du casier de l'une
des gares du réseau, et M. Siebecker raconte
comment fut arrêtée une dame qui, s'étant in-
volontairement rendue complice de cette sous-
traction, avoua devoir son billet à la gracieuseté
d'un monsieur décoré « qui avait fait le voyage.

dans le même compartiment qu'elle » et n'était autre que l'inspecteur.

Ainsi pendant sept ou huit années, cet agent avait pu audacieusement, impunément voler la Compagnie à laquelle il appartenait, sans qu'on eût pris des mesures pour faire cesser de si déplorables abus; et il avait fallu l'habileté, l'énergie d'un sous-chef de gare pour constater un flagrant délit et par suite établir la culpabilité d'un employé supérieur.

Que faisaient donc ceux-là plus haut placés que leur devoir appelait à prévenir de semblables manœuvres, ou du moins auxquels incombait la tâche de les dénoncer? Nous ne voulons pas croire qu'ils fussent complices. Que s'ils les ignoraient, le lecteur a déjà qualifié une aussi monstrueuse ineptie.

Et maintenant, passons, du grave au doux, du sévère au plaisant, à l'inspecteur que nous avons rencontré dans nos pérégrinations.

Celui que nous allons peindre à grands traits, en le présentant sous le côté le plus étrange de sa personnalité, est d'un tout autre acabit. Après Cartouche, nous raconterons les exploits d'un homme qu'eût désavoué Brillat-Savarin.

De sa physionomie aussi bien que de sa stature et sa constitution, nous ne dirons rien. Laissons la bête pour ne nous occuper que de l'instinct. Sa nature l'entraînait irrésistiblement vers la bonne chère. Ce n'était pas un éclectique en la science de gueule, eût dit Montaigne, mais un gastronome dans le sens le moins avancé, dans la plus triviale acception du mot. Autant dire un pique-assiette, un mangeur.

Parmi les annexes de l'exploitation, aucun ne mérita davantage sa sollicitude que celui du buffet. Le service de bouche étant, à son avis, inséparable de celui du mouvement, il tenait en très-haute estime les modernes Vatel, voire même les gâte-sauces et autres empoisonneurs contre lesquels notre législation criminelle ne saurait prévaloir.

Protecteur né de tous les officiers de bouche, il s'était bientôt concilié les sympathies de ceux que la destinée avait semés sur sa route, et de côtelette en aloyau, de civet en salmis, de consommé en court bouillon, il était devenu le confident et l'ami de plus d'un artiste culinaire.

Lorsqu'il posait le pied dans une gare, il se préoccupait avant tout des moyens de réparer ses forces perdues en chemin de fer. Manger pour vivre et vivre pour manger. Sa première visite était pour l'hôtelier; et trop souvent il n'inspecta autre chose que le buffet ou le café-restaurant où l'attendaient de franches lippées.

Ses réfections et successivement ses débauches de table, gratuites, arrosées de copieuses libations, lui acquirent une notoriété qui est restée attachée à son nom comme un stigmate de ses exploits gastronomiques.

Un des amphitryons de bas étage qui lui donnaient à boire et à manger, un jour l'ayant invité après boire à boire de nouveau, accueillit avec un gros rire cette naïve observation de sa part : Mais il faudrait avoir une éponge à la bouche!.... Quoique saturé de spiritueux, notre invité retourna au café-restaurant pour y boire derechef, nous laissant rêver à ce suisse du maréchal Villars, duquel on disait: Il est comme la mer, on ne peut en évaluer le contenu, en mesurer le fond.

Le lecteur concevra aisément qu'un tel inspecteur devait être accessible aux séductions dont se plaisaient à l'entourer ceux qui espéraient tirer quelque profit du chemin de fer.

Vous ne sauriez imaginer la quantité de victuailles que recevait cet homme, nous disait un de ses subordonnés. *Xenia et dona excæcant oculos judicum et quasi mutus in ore avertit correptiones eorum* » (1), maxime utile aux inspecteurs.

Nous avons connu un employé qui n'était pas chargé de fournir sa maison de chandelles et de foin, mais de lapins et perdreaux qu'on lui payait en congés et gratifications.

Quand la froide saison était venue, oiseau frileux, il songeait à son nid avec une prévoyance digne d'un meilleur sort. Nous avons sous les yeux, une note relative à une expédition de cinq mille kilogrammes de bois à brûler qui lui était octroyé par un piqueur de la Compagnie.

Que si en tournée il avait besoin d'argent, il empruntait à la caisse de la gare un ou plusieurs louis qu'il ne manquait pas de rendre, assez tard, pour inspirer quelquefois au receveur de sérieuses inquiétudes.

Nous sommes loin d'avoir épuisé la série des exploits qui signalèrent ce ridicule personnage à l'attention publique. Nous pourrions montrer tout ce que sa conduite eut de contraire, non-

---

(1) Écclésiastique, chap. XX, vers. 31. Les présents et les dons aveuglent les yeux des juges, et ils sont dans leur bouche comme un mors qui les rend muets et qui les empêche de reprendre et de châtier (les méchants).

seulement à la dignité de son mandat, mais encore à celle de la Compagnie à laquelle il appartenait. Sachons respecter nos lecteurs. Nous n'avons pas dit, au surplus, le dernier mot sur cette étrange personnalité que les dons corrompables (ancien style) et notamment ce que les Latins appelaient *esculentum et poculentum* séduisaient à ce point, que sa complaisance ne connaissait plus de bornes.

Tant va la cruche à l'eau, qu'enfin elle se casse, dit un proverbe. Bientôt cet inspecteur ne fut plus maître dans sa section. Les plus incroyables abus s'ensuivirent. On éleva des plaintes, on protesta, et à la suite d'une enquête dont nous aurons occasion de parler, notre héros, déposé de son inspection, dut renoncer à ses franches lippées.

De tels exemples ne devraient pas être perdus; mais ne voyons-nous point ceux qui exploitent nos chemins de fer oublier les leçons de l'expérience et rester sourds à ses enseignements?

A mesure que nous avancerons dans cette étude nous apprendrons à mieux connaître l'esprit et les tendances des Compagnies. Poursuivons.

Au sous-inspecteur succède le chef de gare, la cheville ouvrière de l'exploitation. Presque toujours celui-ci est un ancien sous-officier qui a importé dans la Compagnie, des habitudes d'ordre et de discipline contractées sous les drapeaux.

Il sait commander à des hommes et exiger d'eux un labeur quotidien. Attentif aux instructions qui lui sont données, il veille, dans les limites d'une gare, à tout ce qui concerne le trafic et le mouvement qu'il réunit dans ses attributions. Peu d'employés fourniront un plus utile service.

Son traitement est en raison de l'importance de la gare à la tête de laquelle il est placé. Tel reçoit 5,000 francs, alors que tel autre touche à peine 1,500 francs. Les gares se suivent et ne se ressemblent pas.

Grande est sa responsabilité. Qu'une manœuvre prématurée ou tardive donne lieu à un accident, que celui-ci entraîne mort d'homme, et c'en est fait : il est voué aux gémonies !

Ordinairement chefs et sous-chefs remplissent leur devoir de manière à concilier les exigences du public avec les prescriptions du règlement qu'ils sont chargés de faire exécuter.

Nous demeurons près d'une gare dont le chef aussi bien que les subordonnés nous ont paru mériter une mention spéciale. Nous nous plaisons à rendre à la droiture autant qu'à l'impartialité des uns et des autres, un hommage non moins sincère que désintéressé.

LES ABUS, LES VICES

Fiat lux !

Mais à côté de la règle l'exception; et c'en est trop d'une, pour que nous ne relevions pas ici des griefs dont nous ne sommes déjà plus qu'un écho affaibli. Nous avons pris à tâche de montrer les vices d'organisation de nos chemins de fer. Des faits valent mieux que la plus habile argumentation. Nous allons donc exposer des faits; et nous pensons qu'il serait bien difficile à quiconque voudrait nous contredire, de les démentir.

Entrons, s'il vous plaît, dans la gare de ***; que voyons-nous en l'an de grâce 186... c'est-à-dire à une époque bien rapprochée de nous? Une partialité révoltante établir des distinctions, des catégories entre ceux qui ont des relations avec la grande comme avec la petite vitesse; et le chef de gare accordant aux uns

6.

ce qu'il refuse aux autres, distribuer à son gré les faveurs administratives.

Et tout d'abord, celui-ci acquittera la taxe supplémentaire connue sous le nom de magasinage, alors que celui-là sera dispensé de la payer. En voici un exemple dont nous avons été témoin: un destinataire, après avoir pris livraison de colis, allait s'éloigner, lorsqu'un préposé nouveau venu, l'arrête et réclame le magasinage dû pour un laps de huit jours : « Laissez-passer, » ordonne un chef de service qui savait à quoi s'en tenir. Nous voulûmes connaître la cause de cette immunité, et l'on nous apprit comment celui qui en était l'objet savait la mériter.

Ainsi, tel est astreint à payer la taxe supplémentaire que vous appelez magasinage, répliquâmes-nous, alors que tel autre en sera exempté ? « Rien pour rien, nous fut-il répondu avec un incroyable cynisme; nous connaissons ceux avec lesquels nous sommes en relation et savons distinguer les bons d'avec les mauvais. » A bon entendeur, demi-mot; nous avions devant nous un employé qui trafiquait des faveurs administratives.

Parfois il arrivait que l'application du droit

de magasinage laissée au libre arbitre du chef de gare, subissait une réduction proportionnée au degré d'estime dont jouissait celui qui était tenu de l'acquitter.

On sait ce qu'il faut entendre, ici, par estime, et comment on la gagnait. Nous avons raconté dans une précédente publication un trait qui vient corroborer notre assertion. Nous croyons devoir le reproduire pour l'édification de nos lecteurs. Nous les prévenons que nous n'avançons rien qui ne soit étayé de preuves authentiques ou de témoignages irrécusables. « Dans la gare de *** arrive un wagon de marchandise avariée. Après quelques jours perdus en pourparlers, le destinataire prenant livraison du contenu demande, en vain, à escompter le magasinage qui s'élève à 20 francs. Plus heureux, un tiers s'interposant obtient une réduction de 10 francs, et ce rabais, de l'aveu même du chef de gare, est motivé par une préférence toute personnelle. » Croira-t-on que l'abandon de ce droit devenu une source de profits, maint employé eût échangé son traitement contre une telle prébende !

La partialité qui présidait au recouvrement du magasinage se montrait partout. La circulation dans les endroits réservés de la gare, permise aux uns était interdite aux autres. L'un de ceux qui en étaient exclus, un jour ayant voulu passer outre, appréhendé au collet et mis à la porte, se contenta de protester contre cette déclaration aussi nette que vigoureusement accentuée du chef de gare : « Nous sommes maîtres chez nous ; aucun « pouvoir « ne saurait nous dénier le droit de permettre « aux uns ce qu'il nous plaît de défendre aux « autres. »

Nous ne comprenons pas qu'on affiche aussi visiblement des préférences, et qu'on établisse par suite, des catégories entre les diverses fractions du public. Pourquoi ne pas ouvrir les gares et admettre chacun à circuler çà et là, ainsi que cela se pratique chez des peuples qui passent pour être moins avancés que nous dans la carrière des libertés civiles?

La circulation même pour les personnes munies d'un billet est tellement restreinte, qu'on s'en plaint avec raison. On a dit que la France est le pays le plus réglementé qu'il y ait au monde et on a dit vrai. Partout, à l'étranger, les gares sont ouvertes et les plus grandes facilités sont accordées aux voyageurs;

on devine, on sent, on comprend enfin que les chemins de fer ont été créés pour un public indépendant. En France on réclame chaque jour, à chaque heure, à tout propos, des libertés nouvelles, et on se laisse confiner, entasser, casemater non plus comme des moutons, mais comme de la marchandise humaine, en d'étroites salles d'attente, pendant l'arrêt des trains. Aux mouvements, aux cris d'impatience çà et là échappés, les agents des Compagnies opposent un sourire railleur, et les plus légitimes protestations viennent se briser contre une infranchissable barrière. Rien n'est curieux comme de voir les uns allant et venant sur les trottoirs, librement circulant partout, tandis que les autres, attendant qu'on les ait comptés, sont retenus sous la surveillance des employés. Et l'on se plaint du tempérament de la nation française ! Nous croyons qu'il n'est aucun peuple plus docile et plus gouvernable à la fois.

L'accès du train poste, pendant son arrêt dans les gares intermédiaires du réseau, est soumis à l'agrément de MM. les chefs de gare.

Nous avons vu demander l'autorisation de traverser la voie pour remettre une dépêche au bureau ambulant, qu'on sait pourvu d'une boîte, et cette permission refusée à une femme, sous prétexte qu'elle n'était pas convenablement vêtue.

Quiconque n'explora le cœur humain, n'en sonda les replis, ne saurait imaginer tout ce qu'il y a çà et là de rivalité, de petites passions entre gens exerçant une même industrie. L'accès des endroits réservés devenait pour l'un de ceux auxquels il était ouvert, un avantage d'autant plus envié qu'il savait l'exploiter.

Le contact des voyageurs à l'heure du passage des trains lui permettait d'offrir aux uns ses services, de conclure des marchés avec les autres, et l'entrée des bureaux de la petite vitesse lui révélant le secret des expéditions, le mettait à même de connaître les débouchés de ceux avec lesquels il était en concurrence.

Un industriel, en tournée, propose de la marchandise à l'un de ses commettants qui lui apprend qu'une offre au rabais lui est arrivée de la gare même à laquelle il confie l'envoi de ses produits.

Nous avons par-devers nous une lettre explicative qui ne laisse aucun doute sur la manœuvre que nous signalons.

Cette manœuvre consistait, ainsi que nous l'avons dit, à entrer dans les bureaux de la petite vitesse, à s'emparer des récépissés ou des feuilles d'expédition, les examiner successivement, vérifier les écritures et au besoin prendre des notes, sous un prétexte qui se renouvelait chaque jour.

Voilà comment les Compagnies gardent le secret des expéditions, ce premier élément de succès dans les affaires. Nous pourrions citer d'autres faits de ce genre, dont nous avons la preuve écrite, et nommer des négociants qu'une semblable manœuvre a pour longtemps éloignés de la gare dont s'agit.

Nous ne parlerons pas de celui-ci qui jamais n'acquitta les droits de pesage, alors que celui-là était contraint à les payer. Nous ne descendrons pas jusqu'à ces menus détails qui sont des bribes pour une Compagnie habituée à mordre à belles dents ; nous n'en finirions point.

Naturellement l'entrée de la gare avant ou après les heures réglementaires d'ouverture et de fermeture, était l'une des plus rares faveurs que pût accorder celui qui en était le chef. L'un des privilégiés s'y montrait à toute heure de la nuit, sous un prétexte beaucoup moins plausible que spécieux. En ce temps-là, de nombreux vols commis au préjudice de la Compagnie avaient nécessité un redoublement de surveillance, et comme le coupable restait inconnu, des soupçons avaient fini par tomber sur les employés eux-mêmes. Grande rumeur parmi ceux-ci qui se plaignaient avec raison de ce que tels étaient autorisés à circuler dans la gare, nuitamment. « Qu'on interdise cette circulation, nous disait l'un d'eux, et nous répondrons des larcins. »

A Dieu ne plaise que le lecteur voie dans ce qui précède, une insinuation malveillante contre ceux qui avaient le privilége d'entrer en gare, à des heures indues ! Nous croyons qu'ils étaient incapables d'une mauvaise action ; jamais, du reste, on ne les en soupçonna le moindrement. Mais enfin il y avait là une regrettable coïncidence ; et la situation des employés devenait d'autant plus délicate, qu'était moindre le nombre de ceux qui contrevenaient au règlement.

Un abus entraîne d'autres abus ; ainsi tout s'enchaîne ici-bas. La clef qu'on demandait au chef et qu'on lui rendait, en principe, avait été laissée, dans la suite, à l'entière disposition des permissionnaires qui tantôt la déposaient en un lieu convenu, sous la main de ceux qui en avaient connaissance, tantôt l'emportaient à domicile, et plus d'une fois l'égarèrent au point de retarder l'ouverture réglementaire de la gare, et rendre indispensable une effraction en faveur de laquelle nous eussions invoqué le bénéfice des circonstances atténuantes.

Ne puisons-nous pas dans ces détails, qui de prime abord semblent oiseux, un argument de plus contre les vices de l'exploitation de nos chemins de fer ?

La Chambre de commerce de Marseille, qui s'est occupée de la question relative aux heures d'ouverture et de fermeture de la gare de cette ville et qui a sollicité une modification au règlement, n'ayant rien obtenu de la Compagnie des chemins de Paris à Lyon et à la Méditerranée, après avoir vainement emprunté l'organe du préfet, « a décidé qu'il y avait lieu de réclamer l'appui de M. le ministre des travaux publics, pour obtenir la juste satisfaction qu'elle demande au nom du commerce de Marseille. » (1) Revenons à notre gare et bornons-

(1) Extrait du registre des procès-verbaux.

7

nous à quelques abus capables d'entraîner la conviction de ceux qui liront ces pages.

Le 1ᵉʳ... 186.... arrive de la marchandise que les employés reconnaissent en bon état, et au déchargement de laquelle ils procèdent incontinent. Nous répétons à dessein, *repetita placent*, que cette marchandise était en bon état, et nous ajouterons que si elle avait présenté la moindre avarie, celle-ci, imputable à la gare expéditrice, aurait été constatée à la décharge de la gare destinataire. Ainsi l'ordonne le règlement. Sortie faite le 2. Dans la nuit du 3, X... s'introduit dans la gare, charge cette marchandise qu'il camionne, mais n'arrive à domicile qu'après avoir éprouvé un énorme déchet. Constatation par peseur-juré, du *manquant*, et refus de la part du destinataire de payer la lettre de voiture; voilà qui est péremptoirement établi. Mais ce qui ne l'est pas moins, et ce qui mérite d'être signalé, c'est l'intervention du chef de gare auprès des employés qui ayant reconnu la marchandise exempte d'avarie, à l'arrivée, aucune trace de déchet n'existant, refusent, à la sollicitation de celui-ci, d'infirmer leur déclaration.

Quel était le but de cette intervention du

chef de gare, à quoi tendait elle donc? À décharger le camionneur de toute responsabilité et lui faire payer, des deniers de la Compagnie, le port que le destinataire n'acquitta jamais. Et l'événement lui a donné raison.

Ce fait n'est pas isolé, il s'est reproduit en des circonstances analogues, et chaque fois, la Compagnie a payé un dommage dont le camionneur était seul responsable.

« Quand notre marchandise n'est pas dans un parfait état de conditionnement, nous écrit à ce sujet le destinataire, on nous la refuse bel et bien, ou on ne l'accepte qu'avec des garanties. » Ainsi procèdent les Compagnies; et dans l'espèce y avait-il l'ombre, le soupçon d'un doute sur l'origine de l'avarie et la responsabilité de celui qui devait la supporter?

Celui-ci est un auxiliaire des chemins de fer, un camionneur qu'il faut encourager dans sa tâche et soutenir, *per fas et nefas*, en ses moyens. Honnêtes Compagnies, qui ne reculez pas même devant les plus iniques procédés pour favoriser ceux qui se sont impatronisés chez vous!...

Des industriels, des commerçants domiciliés dans une ville éloignée du chemin de fer de***, appelés à recevoir de la marchandise que camionnera un de leurs concitoyens, adressent au chef de la gare la plus voisine, un ordre collectif de ne livrer les colis qui leur seront expédiés en gare, qu'au sieur X..., à lui seul. Cet ordre, écrit sur papier timbré, est rédigé de manière à éclairer la religion du chef de gare, et ne donner lieu à aucune équivoque, aucune méprise de sa part. Les signatures sont légalisées; tout va donc pour le mieux. Nous avons parlé de religion... hélas ! nous allons voir ce qu'on doit en penser dans le sens et l'application que nous lui attribuons.

Pendant plus de dix ans, Y..., camionneur de la Compagnie, emportera aussi souvent que besoin sera pour compléter une expédition, de la marchandise qui aurait dû être voiturée par X..., en vertu de l'ordre précité. Pendant dix ans les destinataires réclameront tour à tour, sans plus de succès, jusqu'à ce qu'enfin tel et tel agent de la Compagnie, et l'on va jusqu'à dire le camionneur lui-même, en soient venus à surcharger l'écriture du récépissé et à substituer, en plus d'un cas, les mots : à domicile, à ceux : en gare; faire d'un X un Y, c'est-à-dire changer le nom du voiturier muni d'un ordre du destinataire, en celui du camionneur revêtu de l'approbation de la Compagnie.

Que si telle est la morale de ceux qui exploitent nos chemins de fer, nous ne les proposerons pas pour le prix de vertu.

Un jour enfin, cette coupable manœuvre ayant été dénoncée à l'autorité supérieure (1) et d'autres plaintes lui étant parvenues, elle crut devoir ordonner une enquête qui eut lieu dans les conditions suivantes :

L'inspecteur principal de la section, invité à la diriger (quelle ineptie !) se fit assister, non plus de l'inspecteur qui avait toléré de semblables abus, il avait été déposé, mais de son successeur. Quelques employés (pourquoi pas tous ?) furent successivement appelés ; on leur posa des questions auxquelles la plupart ne répondirent qu'avec une extrême réserve ; bref on les interrogea de manière à ne connaître que

(I) Nous avons une copie authentique de cette dénonciation simultanément adressée au Directeur général, au Préfet du département, à l'inspecteur principal de la section. Bien que ce document nous ait paru capable d'intéresser nos lecteurs, nous avons renoncé à le reproduire pour ne pas rappeler la source impure à laquelle s'inspiraient ceux qui faisaient ainsi bon marché du droit des gens.

très-imparfaitement la vérité. La peur, cette peur que M. Siebecker appelle si justement la peur d'employé, empêcha, du reste, les plus graves dépositions. Pouvait-il en être autrement alors surtout que l'inspecteur à qui revenait la responsabilité, inspecteur déposé, il est vrai, n'avait pas cessé d'appartenir à la Compagnie ? Le lendemain : « Ah ! si j'avais osé ! » disait l'un ; à quelques jours de là : « Si j'avais parlé ! » ajoutait un autre ; plus tard : « Si j'avais tout dit ! « exclamait un troisième..... La peur, nous le répétons, s'opposa à ce que la vérité sortît des ténèbres qui l'environnaient ; et une fois de plus la lumière resta sous le boisseau. *Vox faucibus hœsit !*

Et maintenant, qu'avez-vous à dire, ô vous qui lirez ces lignes et vous souviendrez ?....

Comment ! les actes les plus répréhensibles, les plus coupables manœuvres appellent sur une compagnie de soldats les sévérités du colonel ; une instruction sera prescrite par le ministre de la guerre, et celui-ci chargera le capitaine, chef de la compagnie, dont la responsabilité est naturellement engagée, d'instruire et de rapporter ce qu'il aura intérêt à atténuer, s'il ne lui est absolument impossible de le dissimuler?

Nous appelons un chat, un chat, et cela une ineptie.

Un employé, alléché par de grossiers appâts, qui s'était laissé prendre au piége qu'on a tendu à bien d'autres et auquel, disons-le, bien d'autres ont été pris depuis, surpris en flagrant délit de surcharge d'écritures, fut immolé. Hélas ! il faut le reconnaître, on frappait en lui le bras qui avait agi ; mais restait debout la tête qui lui avait imprimé une fatale impulsion. Qu'importait après tout ! Ne sait-on pas que de tout temps :

Les petits ont pâti des sottises des grands.

Nous extrayons d'une lettre chargée à la poste le 6 .... 186.... ce qui suit : (c'est la victime qui parle) :

« Frappé alors que je n'étais que l'instrument d'une coupable entente, je ne désire rien tant, désormais, que de m'expliquer au sujet du fait qui a motivé ma révocation. Si grave que soit l'accusation portée contre M. M... (le chef de gare et l'inspecteur), je me fais fort de prouver qu'elle est fondée ; et si vous daignez, monsieur l'inspecteur principal, m'accorder une audience, je vous apprendrai des faits bien autrement graves que ceux qui ont pu arriver à votre connaissance.

« Alors, la vérité se fera jour, et j'espère qu'étant instruit de l'alternative dans laquelle m'avaient placé mes chefs, de tomber en disgrâce, ce qui m'eût conduit à perdre mon emploi, si je refusais de suivre la ligne de conduite qu'ils m'avaient tracée, ou d'enfreindre les prescriptions du règlement (voilà qui est naïf) en obéissant à leurs ordres, et dans ce cas leur responsabilité semblait devoir me couvrir; j'espère, dis-je, qu'étant édifié sur la situation qui m'était faite, vous daignerez compâtir à mon sort et vous intéresser à l'avenir de mes enfants. »

Nous ajouterons qu'un mois avant sa révocation, cet employé ayant été signalé par son aptitude et son zèle à remplir ses fonctions (qu'en pensez-vous?), son traitement avait été notablement augmenté.

Trêve à ces querelles de ménage ! Détournons notre attention de ces odieuses manœuvres; laissons ceux auxquels il appartiendra épargner le vrai coupable pour atteindre celui qui lui a servi d'instrument. Ici tombe sous notre plume la maxime si profondément vraie d'Anacharsis :

« La justice du prince (lisez : des Compagnies) est une toile d'araignée; les petits insectes y restent enveloppés et emprisonnés, les gros la déchirent et s'échappent. »

Là remise au camionneur de la Compagnie, dont nous avons parlé, de marchandises qui auraient dû être transportées par un voiturier muni d'un ordre, a causé, durant longues années, un préjudice réel à ce dernier, et ce préjudice donné lieu à une action en dommages-intérêts. Des pourparlers ont été engagés entre le demandeur et la Compagnie, et celle-ci admettant en principe la réparation due au plaignant, l'a invité à faire la preuve du dommage. Cette preuve existe, elle est irréfragable ; mais pour arriver à fixer équitablement le *quantum* des dommages intérêts, il était nécessaire de compulser les livres de la Compagnie ; rien de plus aisé, de plus simple, c'était de bonne guerre ; mais celle-ci en a jugé autrement et refusé la communication de ses écritures.

Les Compagnies sont tellement infatuées de

leur privilége, qu'elles ne souffrent qu'à regret tout ce qui en gêne l'exercice, au delà même des limites que les cahiers des charges lui ont assignées. C'est pourquoi des faits de cette nature ne sont pas rares Le tribunal civil de Beauvais accordait, il y a quelques mois, une juste indemnité à un voiturier qui se trouvait dans des conditions analogues à celles que nous venons de rapporter. Le hasard nous a mis en possession d'un arrêt confirmatif de la cour de Grenoble, en date du 24 janvier 1863.

« Attendu..... que la Compagnie du chemin de fer a fait elle-même et par ses camionneurs ordinaires, le transport et la remise des marchandises ci-dessus, aux destinataires, au lieu de les laisser prendre aux gares d'arrivée par Audier ou par son représentant;

« Qu'en agissant ainsi, la Compagnie a porté atteinte à la libre concurrence d'Audier, et causé à ce commissionnaire un préjudice justement évalué par les premiers juges ;

« Que non-seulement Reymond était connu et accrédité comme tel, à Valence, mais que la Compagnie elle-même, dans d'autres circonstances, lui a remis souvent en gare, à Valence, les colis à faire transporter au domicile du

destinataire pour le compte du commissionnaire Audier ;

« Confirme, etc. »

Nous n'avons pas dit, assurément, tout ce
que nous connaissons d'abus et, par suite, de
vices relatifs à l'exploitation de nos chemins
de fer. Il n'y a pas un industriel dans notre
pays, pas un seul commerçant qui, sachant à
quoi s'en tenir à ce sujet, ne réclame à cor et
à cri, soit une révision des tarifs, soit une
réforme de l'exploitation ; mais comme nous
n'écrivons pas exclusivement pour le négoce
et l'industrie, il nous a paru bon de donner un
aperçu des errements que suivent, à l'ombre
des lois et sous la protection du Gouvernement, les Compagnies qui exploitent le réseau
français.

Nous avons parlé de tarifs…. c'est ici que
l'abus a fait élection de domicile, ici qu'il s'est
impatronisé et si profondément enraciné, du
reste, qu'il est devenu impossible de l'ex-
tirper.

Nous avons exposé dans un écrit qui nous
a mérité les plus précieuses sympathies, comment sont appliqués les tarifs concernant le
transport des pierres de taille. Nous avons

montré comment la pierre de Miramas, par exemple, est taxée cinquante pour cent de plus que celles d'Arles et de Tarascon, ou, si l'on veut, comment celles-ci ont à payer une taxe réduite de moitié, grâce au jeu et à la combinaison des tarifs.

« Plusieurs communes, disions-nous, ont particulièrement à souffrir de cet état de choses. L'exploitation des carrières de pierre de taille y languit dans un état précaire, laissant un grand nombre de bras inoccupés, et la ville de Marseille, qui semblait devoir lui ouvrir de nouveaux débouchés, n'emploie guère cet élément qui trouve dans la construction de ses palais un aussi utile et tout différent usage que la pierre d'Arles, etc.

« Ainsi voilà des carriers sans recours contre une mesure qui paralyse leur industrie, tenus de s'adresser à un voiturier (une Compagnie de chemins de fer) qui, assimilant la pierre de Miramas à celle d'Arles, perçoit un port égal pour chacune de ces marchandises rendues à Marseille, bien que la dernière arrive avec un excédant de 32 kilomètres. C'en est assez pour que celle-ci qui n'est autre que du calcaire crayeux d'un grain beaucoup plus fin, se prêtant par sa contexture à tous les caprices de l'art et pouvant être réduite aux moindres proportions, soit préférée à celle-là qui sera délaissée, uniquement parce qu'on aura trouvé dans la pierre de la Couronne, un équivalent susceptible d'être voituré (par mer) avec plus d'économie.

« Cet entrepreneur de roulage, ce voiturier, comme on voudra l'appeler, qui s'empresserait de modifier les conditions de son entreprise, au cas où une sérieuse concurrence viendrait la menacer, ne cause-t-il pas un immense préjudice à une population ouvrière qui ne lui demande, *lucro captando damnum vitando*, qu'une plus juste application de ses tarifs ? »

Tels sont les termes dans lesquels, naguère, nous plaidions la cause de ces âpres travailleurs, courbés sous l'inexorable loi de la nécessité, capables de supporter avec un courage stoïque les plus dures privations, et d'espérer encore qu'on améliorera leur sort. Vaillants soldats de l'industrie, qui jour par jour aux prises avec la faim ont été contraints à déserter leurs carrières pour aller demander à la glèbe un pain arrosé de leurs sueurs.

Ce n'est pas tout: jadis on voyait dans les

eaux du Rhône une flotte innombrable de navires marchands; que sont-ils devenus? Ce même voiturier n'était-il pas intéressé à rendre tout effort stérile, empêcher toute concurrence de leur part? Que lui importaient les destinées d'un peuple de carriers, celles d'une armée de caboteurs? Il a établi ses prix de voiture, les a combinés de manière à paralyser l'essor des uns, des autres, et les réduire à l'impuissance d'entrer en lutte avec lui. Ses calculs sont d'une justesse qui fait leur désespoir.

Il est au moins étrange de voir appliquer ainsi des tarifs qui semblent avoir été créés, uniquement, dans le but de favoriser une industrie au détriment d'une autre, ou plutôt de ruiner la concurrence là où elle oserait se montrer.

A ne considérer que superficiellement les choses, les Compagnies de chemin de fer, en raison même de la multiplicité de leurs taxes, ne seraient plus seulement des voituriers munis du privilége de transporter hommes et colis, mais encore les arbitres du commerce et de l'industrie.

Ici elles appliqueront un tarif ordinaire; général; là un tarif différentiel; de provenance; commun; combiné et de détournement (le mot n'est pas heureux) ; de détournement sans être commun ; commun sans être de détournement ; inversement proportionnel à la distance parcourue ; de transit ; d'exportation, etc. etc.; ailleurs elles appliqueront un tarif spécial (1), etc. etc.

Que pensera le lecteur, après avoir lu la seule énumération des taxes que les Compagnies sont autorisées à percevoir çà et là, avec faculté de les réduire selon les nécessités de la concurrence?

Nous ouvrons le manuel de M. V. Emion, l'un des meilleurs et des plus complets ouvrages qui aient été publiés sur l'exploitation de nos chemins de fer; nous y lisons à propos des tarifs différentiels, ceux, entre tous, qui prêtent le plus à l'arbitraire :

« Les tarifs différentiels n'ont pas seulement pour résultat de détruire toute concurrence, ils ont encore d'autres effets non moins désastreux qu'il est important de signaler.

« Grâce à eux de nombreuses localités sont privées de l'établissement de grandes industries

(1) La Compagnie de Paris à la Méditerranée comptait, il y a quelques années, à peine, cent deux tarifs spéciaux. Qu'on juge du reste !

destinées à répandre dans un pays l'activité et la richesse.

« Cela se comprend facilement. Les marchandises qui partent des points intermédiaires de la ligne, payant proportionnellement plus cher que celles partant du point extrême, il n'est pas possible de créer des industries dans les villes intermédiaires. La concurrence deviendrait impossible entre ces fabriques et celles situées à la limite du réseau; la surélévation des prix de transport des matières premières et des produits fabriqués augmenterait dans une telle proportion le prix de revient, que, tenter une telle entreprise, ce serait vouloir marcher à la ruine.

« Les villes intermédiaires sont donc forcément condamnées à un état de stagnation qui nuit à la prospérité nationale.

« Avec les tarifs différentiels, les Compagnies peuvent aussi détruire toute une industrie locale en pleine prospérité et lui créer une concurrence invincible. C'est ce qui résulte des plaintes adressées au Sénat par sept cent trente négociants d'Orléans, et vivement appuyées par M. le baron Dupin.

« Les vinaigreries d'Orléans, disaient les pétitionnaires, ont été jusqu'à ce jour une industrie de premier ordre. La réputation dont jouissaient les produits de cette industrie, les récompenses qu'elle a obtenues dans toutes les expositions publiques constatent sa supériorité. Eh bien! il déplaît au chemin d'Orléans que cette industrie existe dans Orléans ; le chemin de fer l'a condamnée à périr, et en effet elle se meurt. Pour cela, e chemin de fer n'a eu qu'à décréter, par un tarif différentiel, que les vins blancs nantais, destinés à la fabrication du vinaigre, payeraient moins cher pour se rendre à Paris que pour s'arrêter à Orléans. Le fabricant de vinaigre de Paris qui reçoit ainsi la matière première meilleur compte, exclut facilement du marché celui qui se trouve, en outre de cette différence, grevé d'un transport supplémentaire de 120 kilomètres pour aller d'Orléans à Paris. Il faut payer en surplus, d'après le prix du tarif ordinaire, 4 francs par pièce de vinaigre »

Notre perspicacité ne va pas jusqu'à découvrir la raison en vertu de laquelle on sacrifiait ainsi des fabricants de la province à des industriels de la capitale. Nous serions désireux de connaître les motifs qui provoquaient une mesure aussi contraire à la logique, qu'elle nous paraît injuste dans son application. Jusque-là, nous persistons à voir dans cette latitude laissée aux Compagnies d'adopter, ou mieux, dans l'empressement du ministre à homologuer les tarifs qui leur conviennent, une porte ouverte à l'intrigue. Supposons en effet, qu'il se soit rencontré parmi les administrateurs de l'Orléans, ce qui n'est pas absolument impossible sinon vraisemblable, un vinaigrier parisien, et c'en est assez, croyons-nous, pour motiver l'application d'un tarif différentiel contre lequel s'élèvent justement les Orléanais.

O utilité publique, que d'abus on commet en ton nom !

Ainsi, nous le répétons, les Compagnies de chemins de fer ne sont plus seulement des entreprises de roulage, des voituriers munis du privilége de transporter hommes et colis, mais encore les arbitres du commerce et de l'industrie.

Et comme si ce n'était assez du monopole créé à leur profit, des immenses avantages qui découlent des traités consentis en leur faveur, voilà une commission d'enquête qui propose dans son rapport :

« Qu'à l'avenir l'homologation des tarifs ne soit plus subordonnée à une instruction préaláble de l'Administration ; que les Compagnies, en conséquence, ne soient plus tenues qu'à l'envoi d'un exemplaire de l'affiche à l'Administration centrale et à l'ingénieur de l'État chargé du contrôle, etc, etc. »

Pourquoi ne pas combler la mesure en laissant aux Compagnies la liberté la plus entière d'élever ou d'abaisser leurs tarifs, et d'en faire telle application que bon leur semblera ?

Mais alors nous réclamerions comme corollaire la libre concurrence, ainsi qu'elle existe chez nos voisins.

Écoutons un critique éminent et autorisé à la fois en matière de chemins de fer. Nous avons cru devoir en plus d'un cas étayer notre opinion de celle d'auteurs recommandables et suffisamment accrédités, du reste, pour donner plus de poids à nos assertions.

« Si les chemins de fer pouvaient s'établir librement en France comme en Angleterre ; si, devenus industries privées, ils étaient, pour nous servir d'une expression de M. Billault « des instruments dont les Compagnies puissent disposer au gré de leur préférence, de leurs spéculations ou de leurs conventions particulières » les tarifs différentiels et spéciaux, les traités particuliers et les tarifs d'abonnement seraient établis suivant les exigences et les convenances du commerce.

« Et cela aurait lieu sans danger pour l'intérêt général, comme sans danger pour les droits privés. La concurrence rendrait en France, comme en Angleterre, les abus impossibles.

« Nous ne voulons, pour justifier notre sentiment à cet égard, que reproduire quelques mots du Rapport de la Commission d'enquête de 1863.

« On y verra l'immense influence que la concurrence a exercée en Angleterre sur l'organisation du service des chemins de fer; on y verra la tendance toujours plus grande des Compagnies françaises à réclamer des facilités nouvelles, à se plaindre de l'impossibilité où elles prétendent se trouver de satisfaire les exigences, suivant-elles exorbitantes, du public, alors que les Compagnies libres de l'Angleterre trouvent moyen de gagner beaucoup plus et de mieux faire.

« Tout ce que les Compagnies, dit le Rapport, avancent relativement à la difficulté d'expédier avec rapidité, à cause des opérations successives à effectuer ou des soins multiples à prendre, a paru à la Commission réfuté par un argument sans réplique, celui que fournit l'expérience de l'Angleterre. »

Et la Commission donne en ces termes la raison de la différence entre l'organisation du service sur les lignes de France et sur celles du Royaume-Uni : « La Commission estime que les Compagnies (françaises), en qualité d'entreprises privilégiées, nanties d'un monopole, ne sont pas libres de se soustraire aux charges qui sont la conséquence obligatoire de leur situation exceptionnelle. On comprend la liberté complète d'action laissée aux Compagnies anglaises par les actes de concession, dans ce pays de libre concurrence où la lutte des intérêts privés, constamment en présence, est reconnue depuis longtemps comme la condition absolue de la satisfaction de l'intérêt général. En vertu de ce système qui a été appliqué sans réserve à la concession des lignes ferrées, une concurrence très- active existe entre les Compagnies anglaises de chemins de fer ; si bien que le jour où l'apathie ou l'inintelligence d'une Compagnie laisserait le service d'une ligne en souffrance, on verrait aussitôt une entreprise rivale par des facilités plus grandes offertes au public, appeler à elle le commerce, et forcer la première à mettre son exploitation au niveau des besoins du public. En France, l'absence presque complète jnsqu'ici de concurrence entre les chemins de fer, écarte ce précieux équilibre, qui est le salut de l'industrie britannique » (1).

Un tel langage ne saurait être révoqué en doute si l'on considère qu'il émane de commissaires officiellement nommés par le Gouvernement, pour procéder à une enquête sur les chemins de fer. Impossible de reconnaître et d'avouer plus implicitement l'infériorité dans laquelle nous sommes placés vis-à-vis de l'Angleterre, au point de vue de l'exploitation des voies ferrées.

Nous serions curieux de savoir ce qu'en pensent ceux que leur patriotisme aveugle à ce point, que dans leur propre estime élevant la France bien au-dessus des autres puissances, ils la font marcher à la tête du progrès et de la civilisation.

Nous sommes d'un avis tout contraire; et comme aucune considération de nationalité ne

(1) Enquête sur l'exploitation et la construction des chemins de fer. Rapport, pages 57 et 60.

saurait prévaloir à nos yeux, nous conviendrons que dans un pays où la concurrence est possible on est plus avancé que chez nous.

Là, du moins, aucune Compagnie ne peut mécontenter le public sans s'exposer à voir aussitôt « une entreprise rivale, ce sont les membres de la Commission d'enquête qui nous l'apprennent, par des facilités plus grandes offertes au public, appeler à elle le commerce et forcer la première à mettre son exploitation au niveau des besoins du public. »

Là, du moins, tout industriel, tout commerçant est libre de faire voiturer sa marchandise sur son propre rail-way, s'il a réuni les capitaux nécessaires à cet établissement.

Là, jamais une Compagnie n'opposera aux plaintes, aux réclamations du plus obscur des insulaires, cette morgue, ce ton railleur, cette superbe outrecuidance qui distinguent les exploiteurs de nos voies ferrées. A moins d'avoir une idée préconçue, d'être de parti pris, qui oserait dire que nous exagérons?

En Angleterre, et nous sommes heureux de ce voisinage, car il a été pour nous un stimulant auquel nous devons le développement de nos voies rapides, en Angleterre où l'on est ennemi du monopole, les chemins de fer ont été créés pour le public.

En France, hélas, c'est le contraire; le public ne vous semble-t-il pas avoir été créé pour les Compagnies? Quelques milliers de souscripteurs ont concouru à l'établissement du réseau et se partagent les bénéfices résultant d'un privilége qui repose sur près de quarante millions d'exploités.

Nous avons mainte raison pour avancer qu'en France le public a été créé pour les Compagnies. Qui ne se souvient des vives et réitérées instances de la Chambre de commerce de Marseille, sollicitant la création d'un train rapide sur Paris? Longtemps cette assemblée réclama l'adoption d'une mesure que le public en général et le commerce en particulier appelaient de tous leurs vœux, et longtemps elle attendit qu'une juste satisfaction fût accordée aux intérêts dont elle s'était faite l'interprète.

« En ce qui concerne le train rapide dans le sens de Marseille à Paris, disait le directeur de l'exploitation, la Compagnie avait pris toutes les mesures pour le créer dès le 6 mai 1867.

« Seulement, afin de prévenir le renouvellement des difficultés et des mécomptes qu'elle a éprouvés et qu'elle subit encore, pour le transport par le train rapide n° 3 des dépêches de l'administration des Postes, la Compagnie a tenu à ce que toutes les questions relatives au transport de ces mêmes dépêches, par le train projeté, fussent préalablement réglées d'une manière précise. A cet effet, elle a soumis à M. le ministre des travaux publics et fait connaître à l'administration des Postes, les conditions auxquelles elle croit devoir subordonner la création d'un nouveau service, à vitesse exceptionnelle, de Marseille à Paris.

« Ces explications entendues, la Chambre, en raison des avantages considérables que présente pour le public en géneral et pour le commerce en particulier, la création d'un train rapide de Marseille à Paris, délibère qu'il y a lieu de demander à M. le ministre des travaux publics, de vouloir bien intervenir auprès de l'administration des Postes, afin de faire cesser les difficultés qui pourraient empêcher ou retarder l'exécution d'une mesure dont l'utilité publique ne peut être contestée. »

Plusieurs années se sont écoulées depuis l'époque où la Compagnie, en créant un semblable train de Paris à Marseille, avait reconnu la nécessité du retour sur Paris ; et durant plusieurs années, cette mesure resta subordonnée à la solution d'une querelle reconnaissant pour cause l'état du matériel roulant. Pendant ce temps, l'utilité publique, réduite au rôle d'incident, attendait une légitime satisfaction.

O utilité publique, serais-tu donc lettre morte !

Nous n'interviendrons pas davantage dans ce débat, clos désormais, si ce n'est pour évoquer à la décharge de l'administration des Postes ces paroles que le directeur général naguère adressait à son personnel :

« Le service des Postes n'a pas le droit de rester stationnaire ; appelé à servir des besoins qui naissent et se développent chaque jour, il doit s'enquérir de ces besoins, les étudier, les apprécier, et devancer, en un mot, les réclamations, au lieu de se borner à les instruire quand elles se sont produites.

« Je fais donc appel au zèle de mes principaux collaborateurs. Je désire qu'ils inspirent aux agents placés sous leurs ordres, la conscience du devoir, la sollicitude pour les besoins locaux et le sentiment des égards et de la politesse qu'ils doivent au public dont nous relevons tous. »

De semblables instructions ne s'accordent guère avec le reproche que le directeur de l'exploitation des chemins de fer de Paris à la Méditerranée semblait adresser à l'administration des Postes, d'empêcher ou tout au moins retarder la création d'un service à vitesse exceptionnelle. Certes, si une administration a donné des gages de son désir de satisfaire aux intérêts pour lesquels elle a été instituée, on ne dira point que c'est l'exploitation des chemins de Paris à la Méditerranée qui, en cette circonstance, a rejeté le tort sur la Poste et amené celle-ci à composition.

Mais nous n'écrivons pas une revue rétrospective; en conséquence, passons à d'autres faits.

Rappellerons-nous que la même Chambre de commerce a déjà fait une démarche auprès de la même Compagnie, à l'effet d'obtenir une modification au règlement concernant l'heure d'ouverture et de fermeture de la gare de Marseille.

Ceux qui camionnent les marchandises qui de l'intérieur de cette ville sont dirigées vers le chemin de fer, se plaignent de ce que « la gare étant ouverte à sept heures du matin et fermée à cinq heures du soir, les charretiers ne disposent plus que de six heures pour y transporter les marchandises. Or, comme ils emploient habituellement deux heures à se reposer eux-mêmes et à faire reposer leurs chevaux, à prendre leur repas et à faire manger leurs bêtes, et qu'ils perdent encore deux autres heures à attendre leur tour d'entrée à la gare, la durée de leur travail effectif se trouve en réalité réduite à six heures par jour.

« La Chambre s'est depuis longtemps occupée de cette question. Tout récemment encore elle a insisté auprès de la Compagnie du chemin de fer, pour que la fermeture de la gare fût retardée d'une heure. Jusqu'à ce jour (24 octobre 1868) elle n'a pas eu la satisfaction d'obtenir gain de cause.

« La Compagnie se retranche, pour justifier son refus, derrière son cahier des charges qui règle les heures d'ouverture et de fermeture des gares. Il est bon de faire observer à cet égard qu'elle s'appuie sur un règlement général appliqué à toutes les gares indistinctement, quelle que soit leur importance, et que s'il eût été fait un règlement spécial pour la gare de Marseille, on n'eût pas manqué certainement d'y tenir compte de la situation tout exceptionnelle que lui crée la quantité de marchandises qu'elle est appelée à recevoir tous les jours. » (1)

La Chambre fait justement observer qu'une telle situation est préjudiciable à deux mille charretiers conduisant quatre mille chevaux, qui desservent la gare de Marseille. Nous n'avons pas appris, depuis, qu'on eût donné raison aux plaignants.

O utilité publique, serais-tu donc un vain mot !

On écrirait des volumes sur les vices de l'exploitation de nos chemins de fer et les abus auxquels ces vices donnent lieu ; mais le lecteur comprendra que nous ne sommes pas chargé d'une instruction et que nous n'avons point voulu faire le procès des Compagnies. Plus modeste est notre rôle.

Nous semons çà et là, des critiques sur les errements suivis par ces puissantes associations qui se partagent le privilége exclusif de nous voiturer nous et nos marchandises. Si, contrai-

(1) Lettre de la Chambre de commerce au préfet.

8.

rement à ce qui se passe en Angleterre, n'en déplaise aux chauvins, elles n'ont aucune concurrence à redouter, qu'il nous soit du moins permis, quand les organes les plus accrédités de la Presse restent muets, de faire entendre quelques vérités.

Ces vérités nous les devons aux dépositaires du pouvoir, à ceux-là même qui nous gouvernent. Le pouvoir à qui l'on cache les vices de l'exploitation de nos chemins de fer, tolère plutôt qu'il ne subit la situation que nous ont faite les Compagnies ; et si cette tolérance avait besoin d'être justifiée, elle trouverait son excuse dans une bienveillante et pure intention que nous devons respecter.

Mais nous considérons comme un devoir de l'éclairer autant qu'il dépendra de nous, sur les manœuvres et les agissements des Compagnies, si nous voulons qu'il interpose sa toute-puissance et poursuive la répression des abus dont elles ne se rendent que trop fréquemment coupables.

Dans cette tâche difficile, ardue, nous faisons appel aux hommes de bonne volonté, assez haut placés pour être entendus de ces sommets où la voix de la vérité rarement arrive et trouve hélas si peu d'échos !

Nous terminerons ce chapitre par quelques considérations sur l'état précaire dans lequel est tombé le commerce des laines sur la place de Marseille, par suite de l'élévation relative des tarifs de chemins de fer.

Et tout d'abord, nos lecteurs sont-ils également pénétrés de l'importance de l'industrie voiturière et du rôle qu'elle joue dans les transactions commerciales? Si oui, nous n'aurions nul besoin de recourir à de nouveaux exemples. Si non, nous examinerons la situation dans laquelle les conditions de transport ont placé un article de consommation usuelle; et comme sa production dérive d'une industrie à laquelle l'agriculture doit la source de ses revenus, nous dirons un mot de l'élève des races ovines.

Cet élève unit à l'avantage d'approvisionner la boucherie d'un aliment de bonne qualité, celui de donner une matière textile indispensable et de fournir à la terre un de ses meilleurs engrais; autant de titres qui le recommandent à la bienveillance des sociétés d'encouragement.

Et il existe une telle solidarité entre les avantages que procure cet élève, qu'on ne saurait porter atteinte à l'un d'eux, sans en détruire aussitôt l'harmonie et priver à la fois l'alimentation publique d'un auxiliaire, l'industrie d'une matière première et l'agriculture d'un amendement.

Supposons maintenant que, par suite de telle ou telle circonstance fortuite, imprévue, la valeur de la laine vienne à diminuer, et que le prix de cet article cesse d'être rémunérateur, car, ainsi qu'à toute chose, il est une limite aux conditions dans lesquelles s'accomplit l'élève du bétail ; supposons, avons-nous dit, que le prix ne soit plus suffisamment rémunérateur, et c'en est fait. Bientôt découragés, les plus intrépides éleveurs réduiront l'effectif de leurs troupeaux en vendant successivement des milliers d'agneaux à la boucherie.

Voilà précisément ce qui arrive en l'an de grâce de 1869. La laine a subi une telle dépréciation et le prix du bétail est relativement si bas, que l'élève est en décadence dans les plaines de la Camargue et de la Crau. Déjà on signale une diminution de plus de vingt-cinq mille bêtes ovines pour cette seule région, et tout porte à croire que les contrées voisines n'ont pas un meilleur sort.

Deux causes influent sur une semblable situation : le traité de commerce, dont nous n'avons pas à nous entretenir ici, et l'élévation des tarifs de transport sur les chemins de fer.

La Chambre de commerce de Marseille, qui se préoccupe avec une louable sollicitude des intérêts de la place et ne laisse échapper aucune occasion de les défendre, n'est pas restée étrangère à la question. Plus d'une fois elle a réclamé envers ces tarifs une réduction nécessitée par des considérations de l'ordre le plus élevé.

On sait que pour le parcours de Marseille à Roubaix, l'un des principaux centres manufacturiers, tandis que la tonne de coton paye 65 francs, sans condition de tonnage, la laine est grevée d'un excédant de 27 francs 75 centimes la tonne sous la condition d'un minimum de cinq mille kilogrammes.

Il y a dans les prix de transport de ces marchandises qui d'ailleurs ont de l'analogie, une inégalité, une différence qu'on ne saurait justifier, si l'on considère :

1° Que le coton qui paie moins est plus riche que la laine ;

2° Que sa valeur moyenne est relativement à celle-ci, de vingt-cinq à trente pour cent plus élevée;

3° Qu'il cube davantage et pèse moins;

4° Enfin, qu'étant beaucoup plus inflammable il est aussi beaucoup plus exposé à des risques d'incendie.

Voilà, certes, des raisons qui plaident avec éloquence et militent en faveur d'une réduction des tarifs de transport des laines, comparés à ceux des cotons.

Ne vous semble-t-il pas, si vous vous placez au point de vue des Compagnies, que ce qui est plus riche, a plus de prix, cube davantage, pèse moins et s'enflamme aisément devrait, en prenant la tonne pour terme de comparaison, supporter un tarif plus élevé que ce qui est moins cher, cube moins, pèse davantage et ne s'enflamme que difficilement? Mais la logique, où donc est la logique, cette bonne fille à qui Pierrot arrache sa tunique pour en vêtir Arlequin ?

Que si vous demandez la cause de cette incroyable inégalité, de cette énorme différence, le directeur de l'exploitation du chemin de fer vous répondra « que c'était sur une semblable réclamation qu'on avait établi en 1863 les tarifs contre lesquels on s'élève aujourd'hui, et que ces tarifs, réglés à raison de 8 centimes seulement par tonne et par kilomètre et d'un commun accord, sur les réseaux de l'Est, du Nord et de la Méditerranée, avaient été, à cette époque, considérés comme satisfaisants par le commerce de Marseille lui-même, etc., etc. » (1)

Nous ne suivrons point, dans son raisonnement, cet ingénieur des mines qui ne nous paraît pas avoir une connaissance bien approfondie des intérêts auxquels il s'est chargé de répondre. La Chambre de commerce, ainsi qu'il conste du registre de ses délibérations, a péremptoirement, victorieusement réfuté ces assertions et consacré de la manière la plus éclatante les droits de ses concitoyens à une réduction des tarifs de transport des laines. Malheureusement les doléances de ceux-ci sont venues se briser contre le mauvais vouloir d'une Compagnie à laquelle son privilége a créé une situation des plus prospères.

La Chambre en réclamant une réduction des

(1) Lettre du directeur de l'exploitation des chemins de fer de Paris à la Méditerranée, à la Chambre de commerce de Marseille, 26 septembre 1868.

tarifs qui grèvent cet article sur les chemins de Paris à la Méditerranée, n'a pas seulement voulu détourner l'expédition des laines du bassin méditerranéen vers les ports du nord, mais encore attirer sur la place de Marseille une plus grande importation des laines d'Amérique.

Voici, au surplus, des chiffres qu'elle nous fournit, ils sont éloquents :

« En effet, tandis qu'à Marseille les importations de laines de Buenos-Ayres ne se sont élevées de 1863 à 1867, que de 2,100 à 3,615 balles ;

« A Bordeaux, ces importations insignifiantes en 1863, et n'atteignant encore que le chiffre de 1,700 balles en 1864, se sont élevées en 1867, à 11,881 balles ;

« Au Havre, de 23,565 balles en 1863 ; elles se sont élevées à 64,575 balles en 1867 ;

« A Anvers, enfin, où vont également s'approvisionner nos fabriques du Nord, elles se sont élevées de 34,207 en 1863, à 100,410 balles en 1867. » (1).

Ainsi les conséquences de l'élévation des tarifs appliqués aux laines dans leur transport de

---

(1) La Chambre de commerce au directeur de l'exploitation des chemins de fer de Paris à la Méditerranée.

Marseille à Roubaix, Tourcoing, Châteauroux, Orléans et autres centres manufacturiers, se déduisent d'elles-mêmes.

Les provenances de l'Italie, la Turquie, la mer Noire, l'Égypte, le Maroc et l'Algérie, rencontrant à leur arrivée à Marseille des prix de transport qui grèvent cet article et en augmentent sensiblement la valeur vénale, il s'ensuit que la plupart des expéditeurs empruntent la voie maritime et font entrer leurs laines par Anvers, Dunkerque, le Havre et Bordeaux. Nous avons à peine besoin d'ajouter que celles d'Italie prennent la route de Vérone ou du Brenner, et que le port de Trieste voit arriver à lui une notable quantité de laines à l'importation.

Naguère il en était de même des cotons qui, transitant par ce port autrichien, menaçaient de disparaître du marché français; mais la Compagnie veillait à ses intérêts, et bientôt, en réduisant les tarifs à 5 centimes par tonne et par kilomètre, elle amena cet article à reprendre la voie qu'il avait primitivement suivie.

En l'état, le port d'Anvers a gagné plus que tous les autres à l'importation des laines étrangères Si nous en jugeons par ce que nous

9

avons constaté pendant un récent séjour au milieu du peuple belge, cette place, à raison des facilités qu'elle procure à l'importation et à la vente des laines, est appelée à devenir le grand marché sur lequel iront s'approvisionner les fabricants de draps français et étrangers. Ainsi Londres est devenu l'entrepôt des cotons importés des deux mondes.

Qu'on dise, après cela, que les chemins de fer ne jouent pas un immense rôle dans les transactions commerciales!

Mais nous voyons poindre les premières lueurs d'une aurore nouvelle, et cette aurore nous promet des jours meilleurs. Quand aura paru cette publication, la surtaxe, un droit établi sur le pavillon étranger à l'importation, sera rayée de notre code maritime. Des Compagnies étrangères de navigation à vapeur et à voiles viendront renforcer le cabotage français, et par une sérieuse concurrence feront encore baisser le fret des laines.

Espérons que la Compagnie des chemins de fer de Paris à la Méditerranée n'attendra pas que la ruine de cet article soit un fait accompli sur la place de Marseille, et que d'ici là elle aura réduit ses tarifs.

De ce qui précède il ressort que dans ce plaisant pays de France, ainsi que l'appelait Marie Stuart, où la concurrence n'existe point entre les chemins de fer, ces entreprises de roulage sont, de par leur privilége, les arbitres, les véritables arbitres du commerce et de l'industrie. Certainement ces entreprises sont intéressées à transporter la plus grande somme possible de marchandises, et pour cela faire, elles n'ont pas de plus sûr moyen que d'abaisser leurs taxes ; elles le savent pertinemment. Mais comme leur sphère d'activité a des limites qu'elles ne sauraient excéder, grâce à la combinaison des tarifs elles éloignent d'elles tout ce qui pourrait gêner leur exploitation. Pour elles, avons-nous dit, tout se réduit à une question d'équilibre, ou, si l'on veut, de balance entre la quantité de marchandises reçue dans les gares et les moyens dont elles disposent pour la voiturer.

LE CONTROLE

Les Compagnies, grâce aux erreurs matérielles d'application commises par leurs employés, grâce à la diversité des tarifs applicables aux expéditeurs, font payer chaque année au public plusieurs millions qu'il ne devrait pas payer.

Nous arrivons au contrôle, avec l'intention d'examiner successivement et celui de l'État et celui que les Compagnies exercent sur leur propre exploitation.

Les Compagnies ont appelé de ce nom divers services, parmi lesquels celui qui a pour objet l'application des tarifs, est sans contredit le premier et le plus important de tous.

Rien qui prête davantage à la confusion, et par suite aux erreurs qui en sont la consé-quence, que cet ensemble de tarifs généraux, spéciaux, différentiels à raison des localités, de provenance, de détournement, communs ou combinés, inversement proportionnels à la distance parcourue, de transit, d'exportation, conditionnels; nous en passons, et des meilleurs.

Rien qui soit plus capable de mettre en défaut l'intelligence de maint employé, celle de plus d'un expéditeur, si l'on considère qu'en un grand nombre de cas, le prix de voiture change pour chaque localité et pour chacune des marchandises.

A vrai dire, nous ne comprenons pas pourquoi on s'est attaché à multiplier ainsi les tarifs et ne saurions nous expliquer la raison qui a motivé, pour telle Compagnie, une classification différente de celle adoptée par telle autre. Ceci, par exemple, exposera l'expéditeur d'un seul et même colis à payer plus sur le réseau du Nord que sur celui du Midi, et moins sur les chemins de fer de l'Est que sur ceux de l'Ouest (1).

Encore une fois, rien qui prête davantage à la confusion et par suite aux erreurs insépa-

(1) O vous qui êtes sincèrement dévoué au bien public, tournez vos yeux de l'autre côté de la Manche, vous y verrez les Compagnies libres de la libre Angleterre, d'accord pour appliquer aux marchandises une tarification uniforme.

rahles d'un travail, pour l'intelligence duquel on réclame désormais les lumières de l'enseignement.

Quand une erreur est commise par une gare expéditrice, à son propre préjudice, la gare destinataire débite celle-ci de la somme représentée par l'insuffisance de taxe. Le chef de gare ainsi débité, réclame à l'expéditeur la différence existant entre le prix indiqué par le tarif et celui qu'il a payé pour le transport de sa marchandise.

Avons-nous besoin d'ajouter qu'à part le droit qu'a le chef de gare d'exiger l'entier payement, il n'est pas un expéditeur qui ne s'exécute, sinon de la meilleure grâce du monde, au moins parce qu'il y est matériellement et moralement contraint. De sorte que les erreurs commises par les gares, à leur détriment, sont presque toujours relevées et ne causent en définitive aucun préjudice aux Compagnies, les employés étant seuls responsables.

Mais quand une marchandise est surtaxée, ce qui a lieu beaucoup plus communément, les choses se passent d'une tout autre manière.

M. le baron de Janzé a traité cette question

avec l'autorité qu'on lui connaît. Laissons-le parler.

« Les Compagnies, grâce aux erreurs matérielles d'application commises par leurs employés, grâce à la diversité des tarifs applicables aux expéditeurs (tarif général, tarifs spéciaux, communs et internationaux) font payer chaque année au public *plusieurs millions* qu'il ne devrait pas payer.

« Les comptables des Compagnies établissent à l'actif de l'expéditeur le montant de la surtaxe *illégalement perçue* à son détriment; mais s'il ne réclame pas, les Compagnies gardent cette recette *extraordinaire*, et dans leurs comptes rendus on ne voit pas figurer un article ainsi conçu : « Produit des erreurs commises au préjudice des expéditeurs qui n'ont pas réclamé.

« Ce procédé peut déjà paraître assez irrégulier; mais que faudrait-il penser de la Compagnie de la Méditerranée, s'il fallait ajouter foi aux assertions d'un journal que j'ai sous les yeux (1)?

« Cette Compagnie verserait le produit de

(1) *Salut public*, de Lyon.

ces surtaxes illégalement perçues, à la caisse de retraite de ses employés et encouragerait ainsi ces agents à se tromper le plus souvent possible au détriment des expéditeurs. »

Naturellement nous laissons au *Salut public* la responsabilité de son assertion. Si prévenu que l'on soit contre les Compagnies, et, disons-le, elles autorisent les préventions, on ne saurait admettre un semblable procédé.

Quant à la funeste habitude dans laquelle elles sont de surtaxer trop fréquemment peut-être les marchandises, car le cas est rare pour les voyageurs, on ne saurait l'attribuer à un système, un parti pris, un calcul ; assurément non. La cause, ainsi que nous l'avons dit plus haut, doit en être imputée à la confusion qui règne dans la combinaison, le jeu et l'application des tarifs.

Nous connaissons un très-honorable administrateur d'une Compagnie de chemins de fer, très-répandu dans une industrie dont les produits furent longtemps surtaxés, et qui ne découvrit que par hasard la perception inique dont ils étaient l'objet.

Nous pourrions citer le nom de celui qui lui fit rembourser plus de deux cent mille francs, montant des surtaxes perçues à son détriment. Que doit-on penser quand on voit les agents d'une Compagnie se compromettre de la sorte vis-à-vis d'un administrateur ?

Un estimable général qui nous honore de son amitié nous racontait, dans un entretien familier, les circonstances toutes fortuites auxquelles il avait dû le remboursement, par lui réclamé, d'une somme de cent cinq francs perçue en plus sur le port de son mobilier.

Mais nous n'en finirions point si nous voulions rappeler autant de faits de cette nature qu'il en est à notre connaissance.

Presque toujours le destinataire paye et ne réclame pas ; aussi ne saurions-nous trop l'inviter à exiger le récépissé et, autant que possible, s'assurer qu'il a été fait au transport de sa marchandise une juste application des tarifs. Cette opération n'est pas aussi facile qu'on pourrait croire tout d'abord; et ici nous trouvons, pour ainsi dire, le public sans défense vis-à-vis des Compagnies. En effet, si un employé a commis une erreur, comment celui qu'elle atteint pourra-t-il la constater? Mais il faudrait posséder la collection complète des tarifs, et encore ceux-ci étant susceptibles de changer, recevoir par abonnement le Recueil général édité par la maison Chaix (1). Or, sauf un petit nombre de commerçants et d'industriels, peu de personnes souscriront à cette publication.

Il est vrai qu'on peut se procurer l'un et l'autre de ces documents dans les gares où ils seront utilement consultés; mais quand on est éloigné d'un chemin de fer, voudrait-on se déplacer pour vérifier la justesse d'une application de tarifs?

On nous affirme que les camionneurs eux-mêmes, ces créatures des Compagnies, exigent çà et là plus qu'il ne leur est dû pour le transport des marchandises. Nous laissons à ceux de nos lecteurs que cette assertion pourrait concerner, le soin d'en contrôler l'exactitude. Ce que nous savons, c'est que là où la concurrence existe, l'expéditeur est intéressé à préférer aux camionneurs, les entreprises particulières de roulage qui voiturent à de meilleures conditions. Et ce que nous avançons ici ne sera contredit nulle part. O concurrence, âme du commerce, voilà de tes bienfaits!

(1) Cet abonnement, qui ne coûte pas moins de 36 francs par an pour Paris et 42 francs pour les départements, donne droit à quatre numéros trimestriels suivis de quatre numéros supplémentaires.

Ainsi, grâce à la confusion qui règne dans la combinaison, le jeu et l'application des tarifs, les Compagnies « font payer chaque année, au public, plusieurs millions qu'il ne devrait pas payer », dit le baron de Janzé.

Ainsi ces millions portés à l'actif des expéditeurs ne sont l'objet que de rares et partielles réclamations. Telle est la moralité du contrôle que les Compagnies exercent sur leur propre exploitation.

Sait-on, pour l'intelligence de ce qui précède, ce qu'on doit entendre par les termes dont nous nous sommes servi, de combinaison, jeu et application des tarifs ?

Le *Manuel de l'exploitation des chemins de fer* nous en donnera l'explication :

« Par un tarif (n° 8-22), la Compagnie d'Orléans avait abaissé de 10 centimes (taux des prix du transport d'après le tarif général pour les marchandises de 3e classe), à 0,06 centimes les taxes portant sur certaines marchandises de grand poids et de petite valeur, telles que les matériaux de construction et spécialement les cailloux.

« Par un second tarif (n° 8-93), la même Compagnie n'ayant pu livrer au terme fixé la section de Limoges à Périgueux, voulut néanmoins faire jouir le commerce des avantages anticipés que l'ouverture de cette section lui promettait, en calculant les distances de Limoges à Bordeaux, la Rochelle, Rochefort, de Coutras à Périgueux et *vice versa*, comme si le chemin de fer traversait déjà ces contrées. A côté de cette abréviation fictive des distances, le même tarif indiquait le prix correspondant des transports pour chaque localité.

« Le sieur Bourdeau, commissionnaire de transports à Limoges, ayant à faire des expéditions de cailloux de Bersac à Bordeaux, prétendit avoir le droit de jouir des avantages des deux tarifs combinés, c'est-à-dire de la réduction de taxe consentie par le premier tarif (8-22) et de l'abréviation fictive des distances résultant du second tarif (8-93).

« Le tribunal de commerce de Limoges, saisi de cette question délicate, la résolut contre la Compagnie.

« Mais, sur le pourvoi formé contre ce jugement, la Cour de cassation décida au contraire que dans ce cas, l'expéditeur n'avait pas le droit de jouir des avantages réunis des deux tarifs combinés.

« Si, comme cela arrive le plus souvent, il existe des tarifs communs ou spéciaux, et des tarifs généraux pouvant s'appliquer au transport des mêmes marchandises, le devoir de l'expéditeur est de déclarer à la Compagnie quel est le tarif qu'il entend adopter.

« C'est ce qui résulte d'une circulaire ministérielle du 29 juin 1861, d'après laquelle « les « prix des tarifs communs ne seront appliqués « qu'autant que l'expéditeur en aura fait la « demande expresse sur sa déclaration. A dé- « faut de cette demande préalable, l'expédition « sera taxée, de droit, aux prix et conditions « des tarifs généraux de chaque Compagnie. »

« Cette circulaire a été regardée par le commerce comme renfermant une clause artificieuse... inventée par les Compagnies et accueillie à tort par l'administration supérieure, au préjudice des intérêts d'une concurrence légitime (1).

« Il faut bien reconnaître que les Compagnies pourraient profiter de cette disposition, la science des tarifs étant inconnue aux expéditeurs, en général, à cause du nombre immense

____

(1) *Écho agricole.*

des décisions administratives auxquelles ils donnent lieu. »

Par exemple, la Compagnie de Paris à la Méditerranée a adopté un tarif spécial (G. V.) B. 12, en vertu duquel certains échantillons, tels que vin, eau-de-vie, alcool, huile et liqueurs d'un poids n'excédant pas 500 grammes, sont transportés de gare en gare, quelle que soit la distance à parcourir sur son réseau, moyennant un prix fixe de 70 centimes.

Quand l'expéditeur ignore l'existence de ce tarif spécial que l'employé de la Compagnie n'est aucunement tenu de lui révéler, il paye pour un échantillon d'huile ou de liqueur pesant 100 grammes, la taxe afférente au poids minimum de 2 kilogrammes. Ainsi de Marseille à Paris, gare en gare, 863 kilomètres, 1 franc 15 centimes, c'est-à-dire 45 centimes de plus.

Il existe d'autres contrôles, et notamment celui des billets de voyageurs dont nous dirons quelques mots.

Pour prendre place dans un convoi de chemin de fer, il faut être muni d'un billet qu'on aura présenté à l'entrée ou à la sortie de la salle d'attente, c'est-à-dire une première fois avant de monter dans le train. Il est à présumer que de nombreuses infractions sont commises au préjudice du règlement et qu'il est des gens assez peu scrupuleux pour voyager sans billet. Si l'on en juge par le surcroît de précautions que prennent les Compagnies pour déjouer toute coupable intrusion dans leurs voitures, ce cas doit même se présenter bien souvent.

En route, on ne tardera pas à vous demander une seconde, une troisième, puis une quatrième fois votre coupon. Sur un long parcours ne vous étonnez point si vous êtes requis de le montrer cinq, six et jusqu'à sept fois.

Voyez ce voyageur brisé par les fatigues du trajet ; on interrompra son sommeil pour vérifier un billet qu'il a déja présenté six fois !

Pourquoi le même employé ne serait-il point chargé de ce service, depuis le départ jusqu'à l'arrivée, c'est-à-dire sur tout le parcours ? Pour peu qu'il eût la mémoire des physionomies, il ne soumettrait jamais deux fois le même voyageur au contrôle.

Mais ici, comme dans la plupart des cas, les Compagnies se préoccupent beaucoup moins de la commodité du public, qu'elles ne s'attachent à assurer la marche de leur exploitation.

Par exemple, un train arrive à destination; les coupons devront être remis par tous indistinctement. Tandis qu'en pays étranger, le contrôleur de route retire les billets pendant le trajet qui sépare la dernière station, de la gare destinataire, en France, quelques Compagnies suspendent la marche de leurs trains avant l'arrivée et soumettent ainsi le voyageur à un retard de près d'une demi-heure, si l'on tient compte du temps perdu pendant le ralentissement qui précède et suit l'arrêt du train.

Croit-on que le contrôle soit ainsi mieux fait? nous ne le pensons pas (1).

Cet arrêt donne lieu à de continuelles et très-vives plaintes de la part de ceux qui sont pressés, pour lesquels une demi-heure, un quart d'heure perdus, valent des journées; mais comme nos Compagnies ne craignent aucune concurrence et qu'elles sont certaines qu'on ne

____

(1) Dans une de nos excursions (14 mai 1867) nous avons réuni les billets non demandés aux voyageurs qui se trouvaient dans le même compartiment que nous, et les avons conservés comme preuve à l'appui de notre opinion.

fera pas mieux, elles se bornent à opposer un sourire aux doléances du public; et quel sourire !

Et cependant personne n'ignore que, selon l'occurrence, le temps c'est de l'argent. Les Anglais, qui en connaissent tout le prix, ont constaté que sur un parcours de douze milles, les railways procurent chaque année une économie d'une heure à cent onze millions de voyageurs, soit trente-huit mille ans qui, étant consacrés au travail à raison de huit heures par jour et de trois francs soixante-quinze centimes la journée, constitueront une économie de deux millions de livres équivalant à cinquante millions de francs.

Et maintenant, si du contrôle des billets de voyageurs par des contrôleurs surveillants nous passons à celui de l'État, nous nous trouvons en présence d'un service qui les contrôle tous.

Un arrêté ministériel, portant la date du 15 avril 1850, en a réglé, comme suit, les principales dispositions :

Art. 1er. — Le contrôle et la surveillance des chemins de fer exploités par les Compagnies sont exercés directement par le Ministre des travaux publics, pour tout ce qui concerne le service de l'exploitation proprement dite, l'ensemble de la circulation, les mesures générales de police et de sûreté, l'application des tarifs, la surveillance des opérations commerciales et les mesures générales d'intérêt public.

Art. 2. — Les mesures d'intérêt local concernant la conservation des bâtiments, ouvrages d'art, terrassements et clôtures, des abords des gares et stations, des passages à niveau, des ponts, rivières ou canaux traversant les chemins de fer, y compris la police des cours dépendant des stations, et en général toutes les questions relatives à l'exécution des titres I et II de la loi du 15 juillet 1845, sur la police des chemins de fer, sont dans les attributions des préfets des départements traversés.

Chaque préfet prend, en outre, dans l'étendue de son département, les mesures nécessaires pour rendre exécutoires les règlements et instructions ministérielles concernant le public.

Art. 3. — Les ingénieurs en chef des ponts et chaussées ou des mines, chargés du contrôle et de la surveillance des chemins de fer, adressent directement leurs rapports et leurs propositions au ministre, pour tout ce qui concerne l'exploitation commerciale et technique, la traction, l'entretien du matériel, les signaux, la surveillance et l'entretien de la voie.

Ils correspondent avec les préfets des départements traversés, pour toutes les affaires qui se rattachent au premier paragraphe de l'article 2 ci-dessus. Ils leur adressent leurs rapports et leurs propositions, et surveillent l'exécution de leurs arrêtés.

Art. 4. — Le contrôle et la surveillance s'exercent, sous les ordres des ingénieurs en chef : 1° pour le service d'entretien des terrassements et ouvrages de toute nature, de la voie de fer, du matériel, et pour le service de l'exploitation technique, par les ingénieurs ordinaires des ponts et chaussées et des mines, les conducteurs et garde-mines placés sous leurs ordres ; 2° pour la vérification des tarifs, la surveillance des opérations commerciales, ainsi que pour l'établissement de la statistique des recettes et dépenses et du mouvement de la circulation, par les inspecteurs de l'exploitation commerciale.

Art. 5. — Les commissaires et les sous-commissaires de surveillance administrative sont chargés de surveiller les détails de l'exploitation technique et commerciale, et correspondent avec eux pour tout ce qui concerne leurs attributions respectives.

Ils résident dans les gares ou stations qui leur sont assignées et où un local leur est réservé ; ils constatent les crimes, délits et contraventions commis dans l'enceinte des chemins de fer et dans leurs dépendances, ainsi que les infractions aux règlements d'exploitation, par des procès-verbaux dressés conformément aux dispositions de la loi du 27 février 1850.

Voilà certes un système de contrôle et de surveillance administrative assez solidement établi pour rendre toute infraction au règlement, tout abus impossible. Et cependant, de toutes parts s'élèvent des réclamations, des plaintes contre l'exploitation des chemins de fer ; et ces plaintes, ces réclamations augmentent à mesure que s'étend le réseau des voies ferrées et que s'agrandit la sphère d'activité des Compagnies.

La surveillance et le contrôle des chemins de fer sont placés dans les attributions du ministre des travaux publics, qui réunit autour de lui un comité consultatif exclusivement composé d'ingénieurs inspecteurs généraux des mines et des ponts et chaussées.

Parmi ceux-ci sont nommés des inspecteurs généraux des chemins de fer, qui constituent un comité permanent appelé à statuer sur toutes les questions concernant la matière.

Au-dessous des inspecteurs généraux sont institués des ingénieurs en chef, des ingénieurs ordinaires du contrôle, des gardes-mines, des conducteurs des ponts et chaussées, des inspecteurs principaux et particuliers de l'exploitation commerciale, et, pour clore cette liste de contrôleurs, une innombrable suite de commissaires de surveillance administrative répandus sur tout les points du réseau.

Si nous ajoutons que certaines gares comptent jusqu'à cinq de ces agents, il semblera que l'État s'est plu à entourer de nombreuses garanties, et la sécurité des voyageurs et la régularité des rapports du public avec les Compagnies.

Et pourtant, le croira-t-on, ces garanties sont tellement illusoires, au moins en ce qui concerne le public, que le préfet de la Seine et quelques-uns de ses collègues des départements ont sollicité la création de commissaires de police, là où déjà se trouvaient trois, quatre et jusqu'à cinq commissaires de surveillance administrative (1).

Maintenant, si l'on considère que l'état-major du contrôle est exclusivement composé d'ingénieurs des mines et des ponts et chaussées, dont la plupart ont conservé des relations d'école avec leurs collègues des chemins de fer, et sont, du reste, animés de cet esprit de corps qui distingue MM. les ingénieurs, on conviendra qu'il était impossible de créer un plus commode et plus facile contrôle pour les Compagnies, dont l'exploitation est particulièrement dirigée par des ingénieurs.

« Ce n'est pas assez que les administrateurs de ces Compagnies comptent au nombre de leurs membres des sénateurs, des députés et presque tous les princes de la finance ; que la Compagnie de*** remplace son président, appelé au ministère, par le sénateur que cette nomi-

(1) Cette double organisation, dit le baron de Janzé, a l'inconvénient d'amener des conflits de pouvoirs et les voyageurs sont souvent renvoyés de Caïphe á Pilate quand ils ont une réclamation à faire. En effet, ils ne savent souvent pas s'ils ont à se plaindre d'un fait d'exploitation ou d'un délit de droit commun, s'ils doivent s'adresser au commissaire de surveillance ou au commissaire spécial.

nation prive du portefeuille ; que ces Compagnies, si puissantes individuellement, solidarisent leurs pouvoirs en appelant tels ou tels à faire partie des conseils d'administration de deux ou trois d'entre elles en même temps; non, tout cela ne peut suffire encore.

« Il faut, pour assurer l'omnipotence absolue des Compagnies, que les hommes mis par l'administration à la tête du service de contrôle se trouvent placés en face de leurs supérieurs hiérarchiques, agents de la Compagnie. Il faut que, si par hasard ils se trouvent hiérarchiquement les égaux des employés de la Compagnie placés sous leur surveillance, il faut, disons-nous, que dans ce cas même ils leur soient tellement inférieurs par le chiffre du traitement, qu'ils né puissent jamais songer à se rappeler cette égalité hiérarchique, si ce n'est dans l'espoir d'être à leur tour appelés à servir un jour, comme eux, ces libérales Compagnies (1). »

Si de l'état-major nous passons aux rangs inférieurs, nous voyons une armée de commissaires de surveillance administrative dont

____

(1) *Accidents de chemins de fer.* — (Baron de Janzé.)

la nomination, jadis soumise à des examens, a été laissée, depuis, au bon plaisir du ministre. On a prétendu que l'aptitude et les connaissances dont ces agents étaient appelés à faire preuve, assuraient leur indépendance, et l'on a craint que celle-ci devînt une source d'embarras pour les Compagnies. Aussi a-t-on supprimé le brevet de capacité qu'on exigeait d'eux.

Les candidats devaient fournir :

1° Un acte de naissance destiné à constater que le candidat avait atteint l'âge de vingt-cinq ans;

2° Un certificat de bonne vie et mœurs;

3° Des attestations propres à établir leurs antécédents, comme brevets, diplômes, états de service, congés, etc.

Les examens étaient publics.

Les épreuves écrites comprenaient :

Une dictée, écriture nette et très-lisible, orthographe correcte;

La rédaction d'un procès-verbal sur une affaire de service; un état ou tableau dressé d'après des éléments donnés. Les épreuves orales portaient sur :

L'arithmétique y compris la théorie des proportions;

Le système légal des poids et mesures;

Les éléments de comptabilité commerciale.

A chacun la responsabilité de ses assertions : M le baron de Janzé va même plus loin : « En leur accordant, dit-il, ou leur refusant, sans motiver leur décision, des indemnités ou des gratifications, les ingénieurs peuvent étouffer chez les commissaires de surveillance, si mal rétribués, jusqu'à la dernière velléité d'indépendance, au cas qu'elle pût encore exister. » Voici, du reste, à quel point d'impuissance en sont réduits les commissaires de surveillance :

« Il y a peu de jours, un de ces fonctionnaires arrivant du midi de la France, d'une ville que je ne nommerai pas, me disait : « Quand des voyageurs viennent se plaindre à moi, je ne puis leur faire rendre justice, car mon seul droit est de transmettre leurs réclamations à mon ingénieur, qui souvent ne daigne pas me répondre. D'abord je me suis adressé à mon chef de gare ou à l'employé dont on réclamait en vain justice; cette intervention ne m'a valu que des affronts restés impunis et de mauvaises notes de mes chefs.

Depuis, je me suis résigné, j'ai laissé passer;
j'ai eu de bonnes notes de mes chefs et j'ai
même reçu des gratifications. » (1)

M. le baron de Janzé, que son honorabilité
place trop haut dans l'estime publique pour
que sa bonne foi puisse être le moindrement
soupçonnée, assure que parmi les commissaires
de surveillance administrative, également lo-
gés hors de l'enceinte des gares, il en est qui
se montrent rarement, d'autres qu'on ne voit
jamais à leur bureau.

« Le fait le plus curieux que j'aie recueilli
est celui-ci. Il y avait, à une gare importante
des environs de Paris, un commissaire de surveillance que les employés eux-mêmes con-
naissaient à peine. Un inspecteur, qui n'avait
jamais réussi à le trouver à son poste, se lasse
un beau jour, fait forcer la boîte de surveillance et y trouve encore cachetés tous les
ordres de service, toutes les dépêches adressées à ce fonctionnaire, depuis plusieurs mois.

Et maintenant qu'on nous dise si un tel contrôle offre au public des garanties suffisantes
contre les abus qui ne signalent que trop sou-

(1) *Accidents de chemins de fer.*

vent l'exploitation des chemins de fer? Nous ne le pensons pas.

Dès lors, quel recours aura ce public pour obtenir la réparation due au préjudice matériel ou moral qui lui aura été causé ? On nous répondra qu'il existe un registre des plaintes, ouvert par ordonnance royale du 15 novembre 1846, et que toute personne qui se croira lésée dans sa propre dignité comme dans son intérêt personnel, sera admise à réclamer une juste répression de ses griefs. Mais tout cela est bien anodin, et nous savons quel cas on fait des plaintes des voyageurs, pour ne parler que de ceux-ci.

Encore, combien de gens ignorent l'existence de ce livre que les Compagnies prennent soin de dérober à une curiosité indiscrète, bien qu'au fond elles ne redoutent guère les doléances ! Mais enfin comme il ne faut pas habituer le public à se plaindre, rien n'annonce, ne fait même soupçonner que chaque gare est munie d'un semblable registre que les agents de la Compagnie devront présenter à toute réquisition.

Reste la voie des tribunaux ; hélas ! « sur cent individus molestés, dit Georges Duchêne, quatre-vingt-dix-neuf subiront la molestation.

Le centième qui protestera obtiendra raison ; il saura seulement ce qu'il lui en aura coûté : l'exemple ne sera pas contagieux. » Traîné de première instance en appel et d'appel en cassation, il n'obtiendra gain de cause qu'après avoir épuisé tous les degrés de juridiction.

M. Bisson, ancien élève mécanicien au chemin de fer du Nord, qui a collaboré à l'ouvrage publié sous le titre : *Accidents de chemins de fer*, cite plusieurs de ses collèges blessés dans l'exercice de leurs fonctions qui, privés de tout secours, ont attendu jusqu'à dix-huit mois une indemnité qu'ils réclamaient judiciairement.

La magistrature n'a que faire en tout ceci. Elle est trop indépendante et nous a d'ailleurs trop accoutumés à l'impartialité de ses décisions, pour que nous ne voyons pas en elle le palladium et, pour ainsi dire, le rempart de nos droits. C'est pourquoi les Compagnies, quelle que soit du reste leur puissance, ne sauraient trouver grâce devant elle, aussi souvent qu'elles seront en défaut. Mais il est à l'administration de la justice des lenteurs qu'on ne saurait abréger, et dans l'espèce, il est regrettable de voir un mécanicien blessé par l'explosion d'une chaudière, attendre aussi longtemps une légitime réparation.

A quoi donc sert le contrôle tel qu'il est établi et pourquoi ne pas avoir organisé le commissariat de surveillance administrative, de manière à en faire un auxiliaire du public toutes les fois que celui-ci aura à se plaindre de l'exploitation des chemins de fer ?

Le public, mais à quoi bon s'en occuper ? Ne vous semble-t-il pas un accessoire et ne sommes-nous point fondé à croire qu'il a été créé pour les Compagnies quand nous le voyons, sauf recours aux tribunaux, pour ainsi dire sans défense vis-à-vis de ces puissantes associations qui le voiturent non pas à qui mieux mieux, mais à l'exclusion de toute concurrence, au mieux de leur intérêt?

Deux faits relativement à l'inanité du contrôle :

Aux termes d'un arrêté ministériel en date du 15 avril 1859, le poisson, la volaille, le lait et les fruits destinés à l'approvisionnement des marchés de Paris, doivent être délivrés de jour comme de nuit, dans les deux heures qui suivent l'arrivée des trains.

Le tribunal de commerce de la Seine a

même décidé, dans son audience du 20 août 1862, que de semblables denrées adressées au domicile du négociant, ne bénéficient point de l'exception introduite par l'arrêté précité. Tout cela est à la fois si clair, si précis et si formel qu'aucune contestation ne semblait possible.

Un sieur A. R. avait reçu mission de camionner une certaine quantité de ces marchandises pour compte de commissionnaires, et ceux-ci étaient d'autant plus intéressés à ce qu'on les lui délivrât dans le délai voulu, que les halles de Paris sont approvisionnées à une heure après laquelle ils ne pouvaient espérer de vendre convenablement leurs denrées.

Le train arrivant à minuit, en vain A. R. s'était présenté deux heures plus tard à la gare de ***, le 11 septembre 1865, pour prendre livraison de colis destinés aux marchés. Les employés n'avaient aucun ordre à ce sujet. Vainement il était revenu à la charge, les jours suivants, et les plus vives instances de sa part n'avaient pu aboutir. A mainte reprise il avait réclamé, sans plus de succès, une marchandise, qu'on lui délivrait à une heure trop avancée, c'est-à-dire postérieurement à la vente à la criée.

Cette situation menaçant de s'éterniser, et

avec elle le préjudice qui en résultait, A. R. s'adressa à un agent qui s'est acquis une juste notoriété en matière de réclamations contre les Compagnies de chemins de fer.

La nuit suivante, celui-ci, accompagné dudit A. R. et de témoins, se présente à la porte de la gare et, en vertu de l'arrêté ministériel du 15 avril 1859, somme le préposé de service de délivrer à son client les denrées qu'il a mission de camionner aux halles. Refus de la part de cet employé, qui déclare n'avoir à obtempérer à aucune sommation, quelle que soit, du reste, la valeur des titres invoqués.

Procès-verbal est dressé de ce refus, et bientôt une action judiciaire ayant été introduite contre la Compagnie de ***, le tribunal de commerce de la Seine, par jugement du 18 octobre 1865, condamnait celle-ci en dommages intérêts.

Appel de ce jugement et arrêt du 4 mai 1866 confirmant la sentence des premiers juges et prescrivant exécution immédiate de l'arrêté ministériel (1).

Croit-on que la Compagnie se tint pour bat-

(1) Voir le *Droit*, journal des tribunaux, du 13 mai 1866.

tue ? Oh que nenni ! voici ce qu'il advint :

Nonobstant l'arrêté ministériel, le jugement du tribunal de commerce de la Seine et l'arrêt de la Cour impériale de Paris, elle persistait à délivrer au sieur A. R. ses denrées longtemps après le délai prescrit.

Nouveau procès-verbal, nouvelle instance et nouveau jugement du tribunal de commerce de la Seine, en date du 15 mars 1867, condamnant la Compagnie en trois mille francs de dommages intérêts, avec dépens.

Mais celle-ci ne continuait pas moins à refuser au camionneur la remise de ses marchandises deux heures après l'arrivée des trains. A. R. avait perdu tout espoir. En vain essayait-on de lui persuader qu'en définitive il aurait raison ; quand celui qui l'avait assisté, à son tour, réclama du commissaire de police du quartier une assistance qui ne devait pas être stérile.

Le lendemain, à deux heures du matin, un officier de paix, accompagné d'un piquet d'infanterie, parlementait à ·la porte de la gare. Après une première sommation, la grillé s'ouvrait devant le camionneur, et celui-ci pouvait s'emparer de sa marchandise et la ·diriger in-

continent sur les halles. Dès lors l'arrêté ministériel allait recevoir sa pleine et entière exécution.

Erreur ! Nous apprenons que depuis le 19
août 1869, un sieur *Bidermann*, ingénieur de
l'exploitation, a donné ordre de refuser au
sieur Astère Roux et consorts la marchandise
destinée aux halles, dont celui-ci avait obtenu
livraison dans les deux heures qui suivent l'arrivée des trains.

Nous citons à la barre de l'opinion publique
le chef de service qui, au mépris d'un arrêté
ministériel, de deux jugements du tribunal de
commerce de la Seine et d'un arrêt de la Cour,
n'a pas hésité à créer à ces camionneurs les
plus graves embarras en leur délivrant après
six heures, des colis arrivés à minuit.

De nouvelles poursuites sont intentées à la
Compagnie de Paris à la Méditerranée; mais
avant que les tribunaux aient statué en première instance, il est à présumer qu'il se sera
écoulé un laps suffisamment long pour que
soient ruinés, en leur industrie, Astère Roux
et consorts. La Compagnie perdra son procès,
elle en est convaincue, mais elle se sera dé-

barrassée de camionneurs importuns, et le monopole restera debout !

On nous assure qu'une plainte à ce sujet vient d'être portée auprès du Ministre des travaux publics.

Cette résistance d'une Compagnie de chemin de fer pourra paraître invraisemblable tout d'abord, improbable, inconcevable, inimaginable, inexplicable, incroyable, et sera certainement considérée comme blâmable, coupable, détestable, exécrable, inexcusable, insoutenable, impardonnable, si l'on songe qu'elle ose se mesurer à un plus puissant adversaire qu'elle (l'État, représenté par le Ministre des travaux publics) en refusant obéissance à ses décisions souveraines. Enfant terrible qui brave ainsi l'autorité de celui à qui elle doit son existence, en se mettant au-dessus des lois! Mais qu'une telle conduite n'étonne pas nos lecteurs. Nous l'avons dit et le répéterons pour ceux qui pourraient l'avoir oublié, nous n'avançons rien qui ne soit étayé de preuves authentiques, de témoignages irrécusables.

Ainsi procèdent les Compagnies. On se plaint, elles résistent. « Sur cent individus molestés, quatre-vingt-dix-neuf subiront la molestation. Le centième qui protestera obtiendra raison ; il saura seulement ce qu'il lui en aura coûté : l'exemple ne sera pas contagieux. » (1)

Nous ajouterons un nouveau trait à notre esquisse morale. Il s'agit cette fois d'un accident, et nous allons voir d'autant mieux se manifester l'esprit des Compagnies, que leur intérêt est en jeu, et qu'en définitive, le moindre événement de cette nature se traduit pour elles en une question d'argent. Nous prions ceux qui auront lu ces lignes, de nous dire ce qu'on doit penser du contrôle et de la surveillance administrative des chemins de fer.

Qu'une collision, un déraillement fatalement arrivent, que mort d'homme s'ensuive, et il ne sera pas toujours aussi facile qu'on pourrait croire, à l'autorité judiciaire, d'en connaître la cause. Les gares de nos chemins de fer ne sont pas, à l'instar de celles de la Prusse et de l'Autriche, munies d'un appareil photographique à même de reproduire instantanément la situation d'un train, ce qui aide puissamment à l'intelligence de l'accident. Bientôt, morts et bles-

(1) *La Spéculation devant les tribunaux.*

sés seront enlevés, la voie déblayée, et en plus
d'un cas, le commissaire de surveillance administrative n'arrivera que lorsque toutes les précautions auront été prises pour rendre moins
saisissant, le douloureux spectacle d'un convoi
violemment arrêté dans sa marche.

Si à cet empressement de la Compagnie à
atténuer, autant qu'il dépendra d'elle, le calami-
teux effet d'un accident et en dissimuler les
funestes conséquences, vient s'ajouter le mauvais vouloir d'un commissaire de surveillance
administrative, point ne faut s'étonner qu'on se
plaigne de l'insuffisance de garanties que le
public est en droit d'exiger de ceux qui exploitent nos voies ferrées.

L'*Époque*, un journal qui jadis entreprit une
croisade contre les abus résultant d'un semblable privilége, racontait les tribulations d'un
avocat, docteur en droit, victime d'un accident
au moment où il montait dans le train.

Grièvement blessé aux jambes, puisque dix
mois après il n'était pas encore guéri, celui-ci in-
tentait à la Compagnie une action en dommages-intérêts, et dans l'instruction qui suivait,
deux commissaires de surveillance administra
tive le déclaraient en état d'ivresse lors de l'ac-

cident. L'un d'eux assurait même avoir voulu dresser procès-verbal contre lui, à raison des circonstances qui avaient entraîné ses blessures. L'un et l'autre, au surplus, s'attachaient à dégager la responsabilité de la Compagnie et à rejeter tout le tort sur le plaignant.

Plusieurs témoins, parmi lesquels un gendarme de service qu'un excès de zèle portait à verbaliser contre celle-ci, expliquaient si bien les causes de l'accident et détruisaient si complétement les moyens invoqués par elle, que la Cour de ***, par un arrêt du 8 avril 1864, condamnait la Compagnie en sept mille francs de dommages intérêts, aux dépens de première instance et d'appel.

Depuis, notre avocat, docteur en droit, a porté plainte en faux témoignage contre les deux commissaires de surveillance administrative.

Voici, relativement à l'inanité du contrôle, le second fait entièrement inédit :

Le 2 août 186... avait lieu sur le chemin de fer *** un déraillement attribué au mauvais état de la voie. Plusieurs voyageurs furent tués ou blessés. Un sieur X..., agé de quarante ans, exerçant à Y. . la profession de boulanger, recevait à l'épigastre une violente contusion, et avec peine regagnait sa demeure, voisine du lieu de l'accident.

Aussitôt assisté d'un médecin, et du reste entouré des soins de sa famille, il s'empressait de rassurer un sien ami qu'il avait quitté au moment de monter dans le train. « Sauvé ! lui mandait-il. Sans la douleur que j'éprouve à l'estomac et les vomissements qui me condamnent au repos, je serais allé te persuader que j'ai eu de la chance, puisque j'en suis quitte pour une contusion. » Hélas ! il ne se doutait point qu'une telle chance devait lui être fatale !

Voilà certes une correspondance qui suffirait à établir la bonne foi de X. et prouver qu'il ne soupçonnait pas le moins du monde, alors, la gravité de sa blessure. Nous en prenons acte.

A quelques semaines de là, cet homme, au surplus doué de beaucoup d'énergie, était sur pied, et plein d'espoir en sa guérison, semblait vouloir oublier jusqu'à l'accident lui-même qui avait mis ses jours en péril. Décevantes illusions, trompeuses espérances qui précédez les plus tristes dénoûments, vous deviez être éphémères !

Bientôt s'opérait une réaction dans l'état du blessé; la douleur, qui ne l'avait pas quitté un seul instant, prenait une intensité nouvelle; survenaient de nouveaux vomissements; et à la suite d'une aggravation de symptômes, le malade était obligé de recourir aux secours du praticien qui lui avait donné les premiers soins. Atteint d'une vomique (collection de pus développée dans l'intérieur de l'estomac), sa famille, d'après le conseil qu'elle en avait reçu, prenai les mesures nécessaires pour réserver tous se droits vis-à-vis de la Compagnie du chemin de fer.

Après plusieurs mois de traitement, celui qui naguère écrivait à son ami : « Sans la douleur que j'éprouve à l'estomac et les vomissements qui me condamnent au repos, je serais allé te persuader que j'ai eu de la chance puisque j'en suis quitte pour une contusion; » celui dont l'énergie ne s'était jamais démentie, qui se croyait sauvé, celui-là succombait en proie à d'horribles souffrances, laissant une veuve et des enfants inconsolables.

L'action intentée par X... à la Compagnie *** devant le Tribunal civil de la Seine, pour obtenir l'indemnité à laquelle il avait droit, fut reprise par la veuve. Voulant échapper à la responsabilité qui lui incombait, la Compagnie crut devoir prendre des conclusions tendant à annuler le rapport médico-légal, en ce qu'il émanait d'un empirique, mal famé, exerçant illégalement la médecine, misérable dont la spécialité consistait à faire avorter les filles enceintes, et qui n'avait échappé à de justes poursuites que grâce à la faiblesse du maire et du curé de son *endroit*; subsidiairement déclarer la demanderesse non recevable, par ce motif que le défunt n'avait pas été blessé dans l'accident, mais qu'après le déraillement il était rentré chez lui sain et sauf, et que sa mort devait être attribuée à une ancienne maladie suite de son inconduite et de ses débauches ; qu'au surplus, de son vivant, il s'était entendu avec son médecin pour se faire délivrer des certificats destinés à être présentés devant le tribunal, dans le but d'extorquer à la Compagnie quelques billets de mille francs que le médecin et lui devaient se partager ensuite, etc., etc.

Quand on me communiqua ces conclusions, dit l'avocat qui nous a raconté le fait, je n'en croyais pas mes yeux, j'étais ahuri, et je dus les relire jusqu'à trois fois pour me convaincre du ridicule d'un document dans lequel l'absurde le disputait à l'odieux.

Je sollicitai du tribunal qui était saisi de l'action intentée par la veuve, un renvoi à quinzaine afin d'avoir le temps de me renseigner sur les antécédents du défunt, autant que sur la moralité du praticien qui l'avait soigné pendant sa maladie. Je m'adressai au maire de la commune et au juge de paix du canton dans le ressort duquel était situé le domicile de la victime, et pour ce qui la concernait, en même temps que je demandais au préfet des renseignements sur la personnalité du médecin.

Relativement à la victime, le juge de paix et le maire attestaient que de son vivant, X... ancien militaire, robuste et bien portant, n'avait cessé de se conduire d'une manière irréprochable, qu'il avait su se concilier les sympathies de ceux qui l'avaient connu et mériter l'estime de ses concitoyens.

Quant à celui qui l'avait soigné, ce n'était plus un empirique, mal famé, exerçant illégalement la médecine, mais d'après le témoignage du préfet, un ancien chirurgien-major, docteur médecin, de la plus parfaite honorabilité ; ne prêtant guère les secours de son art qu'à de rares malades et notamment aux indigents. Ses alliances de famille (il était gendre du président du tribunal civil de l'arrondissement) autant que ses relations sociales, lui avaient attiré la plus haute considération.

Ces attestations simultanément délivrées par des hommes impartiaux, qu'on ne pouvait soupçonner de complaisance, étaient, du reste, légalisées par l'autorité judiciaire.

Sur ces entrefaites le médecin, instruit de la diffamation dont il était l'objet, avait intenté à la Compagnie du chemin de fer une action préjudicielle, pour la réparation à laquelle il avait droit. La Compagnie, mieux renseignée cette fois, reconnaissait son erreur et tout d'abord proposait une transaction en suite de laquelle elle offrait dix mille francs, au lieu de vingt mille qui lui étaient demandés.

Après quelques hésitations, ce médecin qui eût voulu une réparation par les armes, recevait d'une main, et de l'autre abandonnait aux pauvres les dix mille francs que l'ineptie, nous serions tenté de dire la mauvaise foi des agents de la Compagnie, arrachait ainsi aux actionnaires.

A la reprise de l'instance, le tribunal condamnaît celle-ci en mille francs une fois donnés, plus une pension viagère de douze cents francs au bénéfice de la veuve et quatre cents francs pour chacun des enfants, jusqu'à leur majorité.

Telle était l'issue d'un procès dans lequel la Compagnie trompée en sa religion, nous aimons mieux le croire ainsi, n'avait pas craint d'attaquer la mémoire d'un honnête ouvrier, et de diffamer l'homme de bien qui l'avait assisté pendant sa maladie.

Comment le contrôle ou plutôt la surveillance administrative s'effaçait-elle si complétement, qu'on n'en entendait pas même parler en cette affaire? Est-ce à dire qu'elle dut rester étrangère à une action civile exclusivement justiciable des tribunaux?... Nous prendrons texte de cette inertie, pour appeler de nos vœux la création d'un service qui réponde aux besoins du public, le protège contre les abus dont les compagnies ne se rendent que trop fréquemment coupables, et dans la surveillance duquel il trouve les garanties d'une bonne exploitation de nos chemins de fer.

Jusque-là nous persistons à le voir, sauf recours aux tribunaux, répéterons-nous, pour ainsi dire sans défense vis-à-vis de ces puissantes associations voiturières par lesquelles il est considéré comme de la marchandise, et souvent traité avec moins de soin qu'elles n'en donnent à des colis.

Les annales judiciaires sont émaillées de causes dans lesquelles, pour ne parler ici que des personnes, nous voyons les Compagnies actionnées à raison d'accidents ayant entraîné la mort ou d'irréparables infirmités, et dans ces causes, dont quelques-unes sont restées tristement célèbres, leur imprévoyance, leur incurie ressortir des débats et donner lieu à de justes indemnités. Presque toujours elles s'attachent à excuser leurs agents et réclament l'indulgence des tribunaux, s'il leur est absolument impossible de décliner la responsabilité tout entière de l'accident.

Rappellerons-nous ces paroles que prononçait le ministère public en une douloureuse circonstance ; elles suffiraient à édifier les plus incrédules, si on n'était convaincu parmi nous de l'indépendance autant que de l'intégrité de la magistrature :

« Quand on vous demande indulgence pour les coupables, ne devez-vous pas songer à ceux qui ne sont pas ici? Chacune de ces familles en deuil, chacun de ces blessés qui souffre a le droit de vous dire, et nous qui les représentons ici nous avons le devoir de vous dire en leur nom: Pitié, nous vous la demandons aussi, mais pitié pour les victimes et pour tous ceux qui peuvent être frappés de même ! Pitié pour nous, si nous ne voulons voir nos enfants partis en habits de fête, et bientôt comme le sieur R... voir écraser notre femme à nos côtés et ne nous relever nous-même, au bout de plusieurs mois, de notre lit de souffrance, que pour porter son deuil ! Pitié pour nous, si nous ne voulons point le sort de cet homme dont je ne dirai pas le nom, et dont la raison ébranlée par ce funeste accident, représente toujours à ses yeux cette scène de carnage et fait toujours entendre à son oreille, les cris désespérés d'une mère qui, dans ce tumulte effroyable, cherchait ses enfants et ne les retrouvait pas ! »

Quels sont ceux que nous voyons comparaître devant la police correctionnelle, à la suite de ces hécatombes humaines, sacrifiées à l'imprévoyance des Compagnies? Des subalternes, un garde, un aiguilleur, de pauvres, d'infimes agents accablés de besogne et ne touchant qu'un maigre salaire.

« Rarement, dit le député Véron, de bourgeoise mémoire, on voit s'asseoir sur le banc des accusés un chef de gare, plus rarement encore un inspecteur; et je demande si jamais on a vu traduire en justice, pour cause d'accident, un chef de mouvement, un chef d'exploitation, un directeur? Sans doute si ces employés supérieurs n'ont jamais été à l'état de prévenu, c'est qu'ils ne devaient pas l'être ; mais alors que signifient ces gros traitements, qui ne s'expliquent plus, s'ils ne sont pas comme une prime payée par les Compagnies pour la sécurité des voyageurs?

On se plaint, çà et là, de l'insuffisance numérique des travailleurs dont nous avons parlé, et on lui attribue la cause de plus d'un accident. Sur tel point, par exemple, trente aiguilles sont manœuvrées par trois employés, alors qu'elles en exigeraient quinze, un aiguilleur pour deux aiguilles. Mais, bah! les Compagnies, quel que soit, du reste, leur désir de bien faire, ne tiennent pas toujours assez compte des exigences du service et ont d'ailleurs si peu d'égards pour la plèbe ouvrière! Il est vrai qu'elle le lui rend avec usure.

L'un de ces travailleurs nous disait avoir

aperçu, en quittant son poste, un wagon de balast, vide, laissé en dépôt sur une voie auxiliaire, que la tempête avait poussé vers une voie de gare sur laquelle arrivait un train de marchandises. Une collision eut lieu, mais il n'en résulta qu'un dommage bientôt réparé. Comme il n'entrait point dans mes attributions, ajoutait ce travailleur, de surveiller la voie, je laissai la responsabilité d'un accident probable, à celui que cette surveillance concernait. La Compagnie, dans une circonstance, ou je m'étais signalé pour la servir, ne m'ayant pas même accordé un témoignage de satisfaction, j'ai renoncé depuis à un zèle, un dévouement qu'elle récompense au surplus si mal, et je la sers en raison du salaire qu'elle me donne, je lui en donne pour son argent.

De tout ce qui précède se dégage un enseignement, et de cet enseignement ressort l'insuffisance du contrôle et de la surveillance des chemins de fer. De cette insuffisance découle la nécessité de reconstituer un semblable service, de manière à ce qu'il présente toutes les garanties que réclame le public, et nous aurons réalisé un véritable progrès.

Mais le progrès est lent à venir. Soumis à des

conditions morales, il n'est possible qu'après avoir être reconnu indispensable au perfectionnement de nos institutions. Lorsque l'expérience en a proclamé la nécessité, on ne saurait longtemps en arrêter l'essor, en ajourner la manifestation. Ce qu'un estimable et regretté magistrat disait il y a vingt ans, devant la Cour suprême, n'a cessé d'être vrai : « Les chemins de fer ne datent que d'hier ; les lois qui les ont créés pouvaient-elles se flatter de les bien connaître avant leur naissance ?... Or, durant ce laps relativement si court, a-t-on sensiblement progressé ? nous le demandons. A part quelques modifications introduites dans l'économie de nos voies rapides, qui oserait dire que leur exploitation, de tous points inférieure à celle de nos voisins, correspond au but pour lequel elles ont été créées ?

L'heure nous semble venue d'opérer de sages, d'utiles réformes, notamment dans cette institution qu'on a décorée du nom de surveillance administrative. Séparer un tel service de celui des mines ou des ponts et chaussées, nous a paru le plus sûr moyen d'y parvenir. Laisser à ceux-ci le contrôle de la partie technique, mais confier à d'autres celui de l'exploitation commerciale. Alors, seulement alors, on n'aura plus une surveillance purement nominale, et quelle que soit, du reste, l'honorabilité de ceux qui l'exercent aujourd'hui, le public trouvera dans l'indépendance et les lumières d'hommes spéciaux, les garanties d'une bonne exploitation de nos chemins de fer.

Puissent ceux de nos lecteurs, complétement désintéressés, qui partageront ces idées, joindre leurs efforts aux nôtres pour devancer l'époque où de semblables réformes auront été accomplies! Les idées gouvernent le monde, s'écrie Bacon; nous ajouterons, d'après une auguste parole, qu'elles font leur chemin, et tôt ou tard arrivent à passer du domaine de la théorie, dans celui de la pratique où elles reçoivent leur application.

Ainsi soit-il!

CONSIDÉRATIONS GÉNÉRALES

Autour de ce privilége, le premier et le plus important de tous,
se groupent comme autant d'annexes qui lui apportent leur concours, diverses industries privilégiées.

A partir du 2 décembre 1851, les chemins de
fer n'ont plus été mis en adjudication, mais
concédés tractativement. S'il a existé des coa-
litions entre soumissionnaires et si on a eu
pour but de les empêcher, en suivant de nouveaux errements, nous avons vu depuis, le favo-
ritisme exclure des entreprises subventionnées
les plus estimables compétitions.

C'était le 26 juin 1868 : nous assistions à une
séance du Corps législatif qui devait ce jour-là
statuer sur un projet de convention entre l'État
et la Compagnie de***, pour l'établissement
d'un service public. Un honorable député venait
de saisir l'assemblée d'une proposition relative

à ce même service, présentant d'incontestables avantages, et du reste émanée d'une Compagnie en mesure d'offrir les meilleures garanties. « Vous ne pouvez, disait-il à ses collègues, passer à l'ordre du jour sans trahir les intérêts du Trésor. » Et il se livrait à d'amères critiques sur le système des conventions amiables. Le commissaire du gouvernement, reconnaissant en principe l'excellence des adjudications, s'évertuait à démontrer la nécessité de traiter, en mainte circonstance, avec des Compagnies réunissant des conditions qu'on ne saurait stipuler dans un cahier des charges. La majorité ordonna le renvoi à une commission, et bientôt celle-ci concluait à l'adoption pure et simple du projet originairement soumis au Corps législatif. Telle est l'histoire de la plupart des concessions.

Les conventions particulières de 1858-59 ont modifié la situation des Compagnies et les ont placées dans les meilleures conditions industrielles. Les sacrifices de toute sorte consentis en leur faveur, la prolongation quasi-centenaire des concessions, leur assurent des jours longs et prospères, si rien ne vient détruire les prévisions des optimistes.

Organisées de manière à ne craindre aucune rivalité en matière de transport, elles peuvent, grâce à la combinaison et au jeu des tarifs, amoindrir sinon annihiler toute concurrence de la part des voies navigables.

On sait que la Compagnie de Cette à Bordeaux est fermière du canal du Midi, ce qui lui a permis d'enrayer un antagonisme qui eût tourné au profit de la chose publique. Quand elle voulut toucher à Marseille, au moyen d'une ligne suivant le littoral, elle rencontra la plus vive résistance du côté de la Compagnie de Paris à la Méditerranée, et tous ses efforts échouèrent devant les manœuvres employées par celle-ci pour empêcher une jonction légitime, équitable, naturelle, éminemment utile, indispensable même aux intérêts commerciaux d'une grande cité. La Chambre de commerce de Marseille, à tort, selon nous, opina pour la combinaison qui devait interdire à la concurrence, l'accès des ports de cette reine de la Méditerranée. Depuis, un anonyme a proposé de perpétuer la mémoire des membres de ladite Chambre, en inscrivant au-dessus de la porte principale de la Bourse, leurs noms avec cette légende : Ce furent ceux qui, en l'année 1864, votèrent contre la proposition faite par la Compagnie du Midi, et maintinrent Marseille comme tête d'une seule voie ferrée.

Là où les chemins de fer ne peuvent, à l'exemple de celui du Midi, neutraliser l'action des voies navigables, ils abaissent leurs tarifs de façon à paralyser la concurrence. Ainsi pendant que la Compagnie du Nord, en lutte avec ces voies, tarifait les houilles à 3 cent. 83 et les cokes à 4 cent. 32; celle de Saint-Étienne à Lyon, qui avait affermé le canal de Givors et, par conséquent, n'avait rien à craindre de ce côté, transportait ces combustibles à 9 cent. 9.

Nous n'avons aucunement besoin d'insister pour faire ressortir la nécessité d'une surveillance que nous appelons de tous nos vœux, et qui doit être d'autant plus sévère, que les Compagnies exercent un privilége contre lequel aucune entreprise ne saurait prévaloir. Quant au contrôle, il doit être d'autant plus efficace, qu'indépendamment des subventions que l'État leur a accordées, il est tenu à des garanties d'intérêt envers elles. Il lui importe donc de connaître les recettes des chemins de fer, et il n'est pas moins intéressé à surveiller leurs dépenses, s'il est vrai que les traités lui attribuent une part dans les bénéfices excédant un revenu de huit pour cent.

Celui qui, ne voyant dans les voies nouvelles qu'un instrument de locomotion inventé pour son bon plaisir, croit à toutes les sornettes qu'on débite sur leur exploitation, accepte pour véritables les sacrifices, les charges qu'elle impose aux actionnaires, en un mot s'arrête à la superficie des choses et ne les approfondit jamais, ne saurait imaginer tout ce qu'il y a de ressources dans l'exercice d'un aussi exorbitant privilége.

On va crier à l'exagération; déjà nous voyons sourire d'incrédulité plus d'un ingénieur, nonobstant ses vingt, trente, quarante, cinquante, cent mille francs de traitement, doublé par les gratifications. Mais nous prions ceux à l'appréciation desquels nous soumettons ces pages, de ne se prononcer qu'après nous avoir entendu.

Le 1er juin 186.... nous étions présent à une audience de la Cour de*** jugeant au criminel et suivions avec intérêt les péripéties non pas d'un drame, mais d'un abus de confiance qui avait conduit aux assises un chef de section de chemin de fer. Le prévenu. qui conserva du reste une rare impassibilité pendant les débats, accusé de détournements frauduleux, reconnaissait, avouait les manœuvres à l'aide desquelles il avait réussi à distraire de la caisse qui lui était confiée, des sommes relativement importantes. Ces manœuvres avaient été d'autant moins surveillées, que ses pouvoirs étaient plus étendus. Elles consistaient à vendre pour compte de la Compagnie, des marchandises dont il retenait le prix, et à dépenser au nom d'icelle, des crédits dont il ne pouvait suffisamment justifier l'emploi. Le ministère public l'accusait d'avoir prévariqué, et celui à qui la justice demandait un compte sévère de sa gestion, croyait s'innocenter en étayant sa conduite de toute la latitude qui lui était laissée par l'administration.

Au demeurant, il ressortait des débats qu'un inconcevable désordre n'avait cessé de régner dans la partie du service soumise à l'autorité du prévenu. Cet infortuné chef de section ainsi livré à lui-même, n'étant l'objet que d'une fictive et illusoire surveillance de la part de son ingénieur, avait pu durant longues années se livrer à un coupable trafic dont le produit servait à défrayer de folles orgies, de honteuses débauches. Pendant ce temps, que de malversations avaient été ignorées, étaient restées impunies !

Le sieur X..., expéditionnaire attaché au service de la voie, entendu comme témoin, déclarait devant la Cour, qu'il connaissait les détournements commis par le prévenu, mais qu'il n'avait osé les dénoncer de peur de se compromettre.

A propos de l'ineptie de MM. les ingénieurs et de la négligence qu'ils apportent dans leur service : « Si vous voulez avoir de bons employés, s'écriait le défenseur, mettez-les à l'abri de toute tentation. Soignez votre matériel et veillez avec plus de sollicitude aux intérêts qui vous sont confiés, vous n'avez pas de plus impérieux devoir. »

Relativement à l'honnêteté des subalternes mis en cause par le ministère public : « Ce n'est pas en bas qu'il faut attaquer la moralité des employés, ajoutait le défenseur, mais en haut où il y a bien plus à dire ! »

En résumé, les débats établissaient d'une manière évidente, outre les malversations du prévenu, le gaspillage, les dilapidations de plusieurs agents de la Compagnie, ses complices, qui par prudence avaient mis la frontière entre eux et leurs supérieurs. On citait tout bas les noms de plusieurs tâcherons qui s'étaient subrepticement enrichis, et de toute cette affaire il ressortait que la Compagnie des chemins de***, peu habituée d'ailleurs à ménager l'intérêt de ses actionnaires, alors comme aujourd'hui n'agissait pas avec mesure et discernement dans l'emploi de ses deniers.

Pourquoi le directeur général (un ingénieur), le mandataire et la plus haute puissance d'une Compagnie, n'actionnait-il pas, comme civilement responsable, l'ingénieur divisionnaire sous l'autorité duquel avaient été commis ces détournements ?

Nous devons ajouter que la famille du prévenu s'était empressée de restituer à la caisse, le déficit qu'il y avait creusé de ses propres mains. Mais il était démontré qu'antérieurement au chef d'accusation qui l'amenait sur les bancs de la Cour d'assises, un trafic illicite et frauduleux avait distrait du domaine de la Compagnie, des marchandises dont on ne demandait compte à personne. Or, l'ingénieur divisonnaire n'était-il pas responsable, sinon de fait, moralement, du moins ? A-t-on jamais vu en cause un de ses collègues des mines ou des ponts et chaussées, traduit à la barre pour y répondre des déplorables effets d'une trop coupable négligence ? Pourtant, combien de scandales de cette nature ont été étouffés, sont restés inconnus !

Nous sommes en mesure de raconter plus d'une histoire de ce genre, depuis la grave affaire du chef de section de *** qu'on renvoya avec passe-port à l'étranger, jusqu'à celle du chantier de ***, sur laquelle nous ne dirons pas davantage. La publicité a des bornes qu'on ne saurait excéder sans inconvénient, quelle que soit, du reste, la véracité dont on prenne soin de l'entourer. Jetons plûtot un voile sur ces misères, ces turpitudes qui ne déconsidèrent après tout que ceux qui s'en rendent coupables, et tirons d'aussi tristes exemples la conclusion que voici :

Les charges des Compagnies sont en raison inverse des recettes que procurent les chemins de fer. Or, à mesure que diminueront des abus semblables à ceux que nous venons de signaler, les revenus augmentant, bientôt les administrateurs de nos railways ne trouveront plus dans l'insuffisance du rendement de leur exploitation, un prétexte plausible pour refuser des réductions de tarifs dans le transport des marchandises comme dans celui des voyageurs.

Mais il faut songer à mettre de l'ordre dans les dépenses qu'entraînent les divers services, et ne recourir qu'à des mesures bien ordonnées.

Puisque nous en sommes à parler de l'entretien et de la voie, nous constaterons que sur telle ligne, les entrepreneurs sont assurés d'arriver à la fortune. Traitant de gré à gré pour toutes sortes de fournitures et de travaux, si on consulte les prix, on ne découvrira rien que de parfaitement régulier dans la conclusion des marchés auxquels ils donnent lieu. Mais on ignore que MM. les ingénieurs au service des Compagnies, sont de bonne composition, et le plus souvent on les jugera d'après la conduite de leurs collègues des mines ou des ponts et chaussées, qui n'ont pas, à beaucoup près, la même latitude vis-à-vis des caisses de l'Etat. Qu'un entrepreneur au service d'un chemin de fer, pour une cause ou pour une autre, ne trouve plus dans les prix convenus, une rémunération suffisante, et messieurs les ingénieurs l'indemniseront de manière à ce qu'en tout cas il soit assuré de bénéficier.

Il s'ensuit qu'on ne devra point s'étonner de voir, ici un homme complétement étranger à l'art, mais ayant des accointances avec tel ou tel agent de la Compagnie, dont il sera le filleul, le parrain ou le compère, chargé d'une tâche qu'il fera exécuter par des sous-traitants, sur laquelle il réalisera un profit certain ; là un *quidam* donnant à boire et à manger (on ne dit pas s'il loge à pied et à cheval, mais on affirme qu'il ne connaît pas une truelle), appelé à des travaux de maçonnerie qu'il aura confiés à des hommes spéciaux, sur le salaire desquels il s'attribuera, par préciput et hors part, un escompte avant d'encaisser un bénéfice dont il est sûr.

Croit-on que tel ingénieur divisionnaire soit à même de prévenir de semblables abus ? Point. Un inspecteur principal, son voisin, disait de lui : « X... s'occupe assez peu de son service pour laisser gouverner ses subordonnés partout où son autorité devrait prévaloir. (1) » X... à son

(1) Cet ingénieur s'est attaché un chef de bureau qui entretient des intelligences et a des relations très-suivies avec les entrepreneurs. Il est même en compte courant avec l'un d'eux, mais nous ne voulons pas croire que l'ingénieur en soit instruit.

tour, dans une circonstance critique pour l'inspecteur principal, s'exprimait, à son égard, en
ces termes : « Y... ne surveille pas assez sa section ; aussi le service laisse-t-il beaucoup à désirer. » Ces paroles ne sont point une œuvre d'ima-
gination, elles ont été, de part et d'autre, pro-
noncées ; mais on comprendra la réserve que
nous imposent ceux qui les ont entendues et
nous les ont rapportées.

Nous connaissons mainte anecdote, de date
récente, relative à l'élévation subite, inatten-
due, de tel ou tel entrepreneur rapidement en-
richi. Nous pourrions raconter de très-piquants
et très-curieux détails à ce sujet ; montrer à
quel point les exploiteurs de nos chemins de fer,
puisqu'il faut les appeler par leur nom, font bon
marché des finances d'autrui et combien il
importe de les surveiller ; mais encore une fois,
la publicité a des bornes au-delà desquelles
nous n'irons pas.

Nous croyons, en raison de ce que nous
aurions à dire, rester dans de sages limites vis-
à-vis des Compagnies ; qu'elles souffrent donc
les observations qui précèdent ! Nous avons
d'autant plus le droit de leur faire entendre des
vérités, qu'elles ne cessent d'arguer des charges

qui pèsent sur elles et de l'insuffisance de leurs revenus, pour s'opposer à des réductions de tarifs dont le besoin se fait généralement sentir. Pourtant l'expérience nous enseigne que toute réforme ayant pour but de diminuer les taxes, a été immédiatement suivie d'un accroissement de recettes. Mais l'intelligence, comme la surdité acoustique, a ses infirmes ; or, il n'est de pire sourd que celui qui ne veut pas entendre.

Et ce que nous avons pu observer en telle section se reproduit, assure-t-on, dans la plupart des divisions d'un même réseau (1).

Que si du service de l'entretien et de la voie nous passons à celui du mouvement, nous voyons l'inspecteur dont nous avons esquissé la physionomie, agir avec aussi peu de mesure et en plus d'une occasion sacrifier aux jouissances de son gaster, l'intérêt de ses mandants.

Ce gaillard, que nos lecteurs savent doué d'un robuste appétit, concluait. en festinant, des marchés de sa compétence :

> Pour les affaires, c'est à table,
> Que je les traite, et je soutien
> Que c'est là l'instant favorable ;
> Nos gens d'Etat le savent bien. *(Bis.)*

(1) Chacune de nos critiques implique des exceptions.

> Tous ceux, morbleu ! qu'un bon repas assemble,
> Quels qu'ils soient, deviennent amis ;
> Et quand on boit le même vin ensemble,
> On est bientôt du même avis. (*Bis.*)

Ce couplet d'un vaudeville semble avoir été écrit pour l'homme que nous retrouvons à table, adjugeant à son amphitryon, entre la poire et le fromage, des services annexes du mouvement, à des conditions onéreuses pour l'exploitation.

Nous n'entrerons pas dans les détails de chiffres, parce que ce serait jeter trop de lumière sur des actes qu'il nous aura suffi de signaler. On appréciera, du reste, le sentiment qui nous porte à laisser dans l'ombre, des personnalités dans lesquelles nous séparons l'homme privé de l'homme public qui seul appartient à la critique.

Notre rôle consiste à relever des faits dont nous avons acquis la connaissance pendant nos pérégrinations. Quelle que soit la justesse de nos exposés, nous devons nous attendre à ce qu'on nous accuse de partialité autant que d'exagération. A cela nous répondrons que nous avons pris soin de rester en deçà de la vérité, et que, loin d'outrer nos aperçus, nous en avons amoindri la portée, afin de ne point nous exposer à de vaines récriminations.

Nous n'aurons pas rappelé l'inspecteur sans dire un mot personnel de sa section. Nous plaignons, de toute notre âme, le chef de gare et avec lui les subordonnés que le destin plaça sous la dépendance d'un être aussi accessible aux influences qui assiégent les dépositaires de l'autorité, partout où nous les rencontrons.

Un sceptique attribuait aux initiales qui décorent le couvre-chef des employés de l'une des principales lignes, P. L. M. la signification que voici : Plaignez les malheureux ! Ce qu'il disait de ceux-ci, nous l'appliquerons à ceux-là, et nous émettrons le vœu qu'on améliore le sort de cette légion d'employés, dont la plupart ne reçoivent pas un salaire suffisant pour vivre et néanmoins touchent assez pour ne point mourir de faim.

L'un d'eux est-il victime d'un acte arbitraire, a-t-il à se plaindre de son supérieur, ne pouvant quitter le service pour aller porter ses doléances à l'inspecteur principal, il devra les lui faire connaître par écrit; et comme il lui est défendu de s'adresser directement, il sera tenu de lui transmettre sa correspondance après l'avoir

12.

faite passer à découvert, par la filière de celui-
là même qui sera l'objet de ses griefs. Il en résulte que la plupart des employés, renonçant à
la faculté dérisoire qui leur est laissée de se
plaindre, préfèrent souffrir en silence, et que
leurs supérieurs peuvent impunément se rendre
coupables des plus révoltants abus.

D'ailleurs les Compagnies font si peu de cas
des doléances, qu'il suffira de leur signaler des
actes répréhensibles, pour que ceux qui les
auront commis échappent à de justes châti-
ments. Sans doute, il y a des exceptions, et
nous avons vu un préposé de la petite vitesse,
auteur d'une surcharge d'écritures, impitoya-
blement révoqué ; mais l'instigateur, le vrai
coupable, en un mot l'inspecteur fut-il atteint ?
Ah ! s'il nous était permis de parler !....

La tactique des Compagnies consiste à étouffer les scandales, et semblables à une armée
en présence de l'ennemi, à ne point se laisser
entamer sur toute la ligne.

Par suite de l'autorité dont il est investi,
un inspecteur pourra, dans sa section, donner à
son gré de l'avancement au moins capable,
et laisser vieillir dans un modeste emploi le
plus méritant de ses subordonnés.

Le régime du bon plaisir appliqué à l'administration de nos chemins de fer!

Plaignons les malheureux!

En effet, qui surveillera cet agent, qui sera chargé de contrôler ses appréciations, ses rapports à l'administration et, en plus d'un cas, son verdict, ses décisions souveraines? Personne, pas même l'inspecteur principal dont il est le représentant. Aussi avons-nous vu un de ses pareils se conduire, durant longues années, de manière à provoquer d'incroyables abus et mériter une juste réprobation.

Cette autorité se révèle dans les moindres circonstances. Un agent de la Compagnie de *** se plaignait naguère de ce qu'on ouvrait nuitamment la gare à tel ou tel, alors que l'accès lui en avait été interdit aux mêmes heures.

L'inspecteur objectait, avec un aplomb superbe, qu'il lui est loisible d'autoriser qui bon lui semble, à y entrer avant l'ouverture comme après la fermeture des portes. L'inspecteur principal, mieux avisé, écrivait, à la date du 8 septembre 186...

« Lorsque nous avons des matériaux ou autres objets pour le service de la Compagnie, à faire entrer dans la gare ou à en faire sortir, nous laissons les entrepreneurs libres de le faire après les heures réglementaires. »

Or, nous devons ajouter que celui à qui était accordée cette faveur est à la fois restaurateur, entrepreneur, camionneur et fournisseur de la Compagnie ; pour lui tout n'est qu'heur, et nous serions curieux de savoir lequel de l'entrepreneur, du camionneur, du fournisseur ou du restaurateur usait d'une permission qu'il a conservée, à l'exclusion de ceux qui en avaient fait la demande.

Un semblable cumul n'étonnera personne. Ne voyons-nous point sur tel chemin un sieur A. en possession de trois buffets, et sur telle autre ligne B... que la Compagnie a voulu récompenser de ses bons services, exploiter jusqu'à cinq de ces établissements !

Le cumul, pris absolument, est un des vices de notre organisation politique, une atteinte indirecte aux droits d'autrui ; c'est pourquoi les administrateurs de nos voies ferrées se montreraient équitables, en distribuant les faveurs dont ils disposent, de manière à satisfaire un plus grand nombre d'employés.

Mais pouvons-nous espérer de voir disparaître de tels abus, notamment ceux que nous avons signalés ?

Par exemple, on s'est élevé contre la prétention de la Compagnie de***, d'exonérer les uns d'un droit de magasinage qu'elle imposera aux autres. Nous avions pensé qu'une semblable partialité devait cesser et que bientôt chacun, s'il n'était admis à bénéficier d'une égale immunité, aurait à supporter les mêmes charges. Une circulaire ministérielle ne laissait aucun doute à ce sujet ; elle rappelait à la Compagnie la clause de son contrat relative à la perception des taxes. « Elle se fera indistinctement et sans aucune faveur. Dans le cas où une réduction serait consentie, l'administration aura le droit de la déclarer obligatoire vis à vis de tous les expéditeurs. A une époque assez rapprochée de nous, il sembla même que cette clause allait recevoir une rigoureuse application. Depuis, l'esprit qui porte la Compagnie de*** à méconnaître la nature de sa concession et la pousse à transgresser les obligations qui en dérivent, a triomphé des scrupules qui l'avaient, un instant, saisie, et nous avons vu maint destinataire dispensé de payer une taxe à laquelle la plupart sont soumis.

Ici elle est convenue avec un industriel que,

lorsqu'il prendra livraison de marchandises gre-
vées de magasinage, il refusera l'acquit de ce
droit et au besoin laissera verbaliser; le chef de
bureau de la petite vitesse ayant reçu ordre de
passer outre et en tout cas d'abandonner la surtaxe au destinataire.

Là elle autorisera, à côté d'un emplacement
ayant même destination et payant, un entrepôt
pour lequel elle n'exigera aucune redevance,
uniquement parce que l'un de ses administrateurs sera intéressé à ce qu'il en soit ainsi.

Ailleurs elle permettra le dépôt gratuit de
matériaux encombrants, de peu de valeur, à
l'exclusion de toute concurrence.

Nous laissons à nos lecteurs le soin d'expliquer un semblable désintéressement.

Parmi les actes du gouvernement nous
voyons, en décembre 1868, M. le baron Tascher
de la Pagerie, inspecteur principal de l'exploitation commerciale, promu inspecteur général des
chemins de fer.

Nous demandons, à moins que ces fonctions
ne soient ni plus ni moins qu'une sinécure créée
au profit d'un membre de la famille impériale,
si de telles immunités ressortissent, oui ou non,
de l'exploitation commerciale, et, comme nous

inclinons pour l'affirmative, si M. l'inspecteur général ne devrait point les connaître. Un examen des lieux et la vérification des écritures, il n'en fallait pas davantage pour le convaincre et l'amener à prendre des mesures propres à faire cesser de pareils abus.

Mais combien, parmi ceux qui sont intéressés à le savoir, ignorent l'existence d'une inspection soit principale soit générale, qu'on nous signale dans l'exploitation commerciale de nos chemins de fer !

Aurons-nous suffisamment démontré la nécessité de surveiller les Compagnies que l'exercice de leur privilége porte, incessamment, à se soustraire au contrôle de l'État et à se livrer à des actes en complet désaccord avec leur cahier des charges?

Nous ne reviendrons pas sur la question si complexe des tarifs, qui exige à elle seule une étude spéciale et mérite de fixer l'attention des économistes. Bien que nous n'en ayons parlé qu'incidemment, nous croyons en avoir dit assez pour convaincre les plus incrédules de la nécessité de réformer une pareille élucubration.

Toutefois, avant de passer outre, nous rappellerons que la Chambre de commerce de

Metz protestait, en son temps, contre l'application d'une taxe en vertu de laquelle des marchandises, expédiées de cette ville sur le Havre, payaient 83 fr. 30 c. la tonne, alors que les mêmes produits venant d'Allemagne n'avaient à supporter qu'un prix de 62 fr. la tonne, pour le même parcours.

Les plus énergiques protestations ne purent empêcher l'homologation d'un semblable tarif qui, depuis, a eu pour corollaire le traité de commerce.

Nous ne saurions voir dans cette œuvre partiale, arbitraire, échappant à tout principe, autre chose qu'un instrument de libre échange, ou protectionniste selon le cas, ayant une corrélation étroite, intime avec notre système douanier, mais avant tout subordonné à l'intérêt privé des Compagnies, et devenu entre leurs mains un redoutable monopole.

Rien qui prête davantage à la confusion et par suite aux erreurs qui en sont la conséquence, que cette multiplicité de tarifs changeant pour chaque localité et variant à l'infini. Aussi considérons-nous comme un devoir de prémunir nos lecteurs, contre la fréquence des surtaxes dont la plupart des expéditeurs sont victimes.

On sait que, grâce aux erreurs matérielles d'application, les Compagnies font payer au public des millions qu'il ne devrait pas payer. Croit-on que celles-ci soient empressées à reconnaître le préjudice qu'elles auront causé à autrui? Combien peu réclament, et si quelqu'un élève la voix dans ce but, on ne l'accueillera jamais qu'avec une réserve qui semble commandée par le désir d'écarter les réclamations, en les entourant de difficultés.

Voici une correspondance qui ne laisse aucun doute à ce sujet. Nous allons voir le directeur d'une agence de réclamations aux prises avec deux Compagnies :

Paris, le 19 mai 1869.

*Monsieur le chef de l'exploitation des chemins de fer de ***.*

Je vous confirme mes lettres des 9 février et 16 mars écoulés, vous transmettant trois réclamations au nom de MM. Hérisson et Fromentin, pour détaxes s'élevant ensemble à 910 fr. 10 c.

Deux ou trois mois pour l'examen de semblables réclamations me semblent un délai excessif, et il est certain que, si l'on s'occupait de mes demandes au lieu de les mettre systématiquement en oubli, je ne serais pas contraint à vous dire que les Compagnies de chemins de fer, très-promptes à surtaxer, faciles à commettre des erreurs au préjudice du public, se montrent récalcitrantes à restituer.

Je vous prie de m'aviser de la détaxe demandée, par le prochain courrier, ou de me retourner les pièces communiquées.

   Recevez, etc...   *Signé :* X...

        Paris, 22 mai 1869.

*Compagnie des chemins de fer de***.*
Exploitation.

Monsieur,

Dès la réception de vos lettres des 9 février et 16 mars derniers, que vous nous confirmez par votre lettre du 19 mars courant, notre bureau des réclamations s'est empressé d'examiner les nombreux récépissés sur lesquels portaient les demandes de détaxes, de MM. Hérisson et Fromentin.

Des recherches longues et difficiles ont dû être faites par le contrôle aux archives de la Compagnie, pour retrouver trace d'expéditions qui remontent à sept, huit, neuf, dix et même onze ans! Cependant, quelque pénible qu'ait été ce travail, il touche à sa fin, et sous peu de jours nous serons en mesure de vous donner une solution.

Toutefois, je ne saurais, monsieur, accepter sans protestation, les termes dans lesquels vous formulez votre lettre de rappel à notre Compagnie. Je veux croire que, si vous aviez lu attentivement cette lettre, rédigée dans vos bureaux, vous ne l'auriez pas signée, les récriminations qu'elle contient étant aussi inconvenantes que mal fondées.

Recevez, etc...

Le chef de l'exploitation, *signé :* Y.

Paris, 25 mai 1869.

*Monsieur Y..., chef de l'exploitation des chemins de fer de***.*

Monsieur,

J'ai l'honneur de répondre à votre lettre du 22 courant, n° 11337, par laquelle vous protestez contre les termes dans lesquels j'ai formulé ma lettre de rappel du 19 même mois.

Contrairement à ce que vous semblez croire, monsieur, cette lettre a été rédigée par moi; je l'ai donc signée en toute connaissance de cause. J'ajouterai que les expressions de blâme dont je me suis servi à l'endroit des agissements des Compagnies de chemins de fer, expressions que vous qualifiez d'inconvenantes et de mal fondées, ne sont pas, au contraire, suffisamment sévères.

En effet, puisqu'il y a 7, 8, 9, 10 et même 11 ans que des surtaxes ont été faites au préjudice de MM. Hérisson et Fromentin, votre Compagnie ne devait-elle pas se hâter de réparer ce préjudice d'autant plus grand qu'il est plus ancien?

Ce qui serait convenable, ce serait de voir les Compagnies rectifier loyalement et d'elles-mêmes les erreurs qu'elles commettent chaque jour, et restituer à chaque ayant droit les surtaxes mises à disposition par leur contrôle, sans attendre pour cela des revendications laborieuses et pénibles, pour ne pas dire impossibles.

Quand les Compagnies de chemins de fer auront fait cela, monsieur, j'adoucirai l'amertume de mes reproches dont jusque-là je maintiens la sévérité méritée.

En ce qui concerne les restitutions dues à MM. Hérisson et Fromentin, je vous prie de me donner une très-prochaine satisfaction.

Recevez, etc...,   *Signé :* X...

———

Paris, 12 mai 1869

*Monsieur le Chef de l'exploitation du chemin de fer de***.*

J'ai l'honneur de vous transmettre ci-joint un relevé des demandes de détaxes adressées à votre bureau des recettes et restées jusqu'à ce jour sans réponse.

Quelques-unes de ces demandes ont 11, 7, 6, 4, et 3 mois de date. Très-prompte à surtaxer, votre Compagnie semble vouloir apporter le plus de lenteur possible à restituer.

Vous comprendrez, monsieur, qu'un tel état de choses ne peut convenir à l'exécution du mandat accepté par moi, des négociants intéressés.

Si nombreuses que soient les expéditions pour

lesquelles je réclame, si anciennes qu'elles soient, un délai d'un mois me paraît suffisant pour que l'examen sérieux en soit fait, si on s'en occupe.

J'ai, en conséquence, l'honneur de vous prier de vouloir bien ou me faire donner satisfaction immédiatement, ou me renvoyer les pièces communiquées, afin que je puisse porter ces demandes devant les tribunaux compétents.

Je vous prie, en outre, de prendre note qu'à partir de ce jour, je considérerai toute réclamation restée sans satisfaction obtenue dans le mois de sa date, comme étant refusée par votre Compagnie, et qu'alors j'agirai judiciairement.

Recevez, etc... *Signé* X...

Cette dernière lettre n'a pas eu de réponse. Au fait, il s'agit de restitutions auxquelles deux Compagnies sont tenues, et pas n'est besoin sans doute de mettre trop d'empressement à rembourser ce que l'expéditeur, ou son mandataire, s'est malencontreusement avisé de réclamer. Pourquoi rendre, au surplus, les remboursements trop faciles ? Ne serait-ce pas encourager de semblables demandes et ouvrir la caisse à d'incessantes revendications ?

Nous devons ajouter que le directeur de l'agence de réclamations dont s'agit, très-versé dans la connaissance des tarifs, a su mériter par son aptitude autant que par sa moralité, la confiance publique. Grâce à son intervention, plusieurs expéditeurs, dans leur intérêt lésés, ont reçu de diverses Compagnies une somme de près de six cent mille francs, représentant les surtaxes auxquelles ils avaient été, durant longues années, indûment soumis. A l'heure à laquelle nous écrivons ces lignes, cet honorable agent, qui rend à la société de véritables services, poursuit le recouvrememt de surtaxes perçues depuis vingt ans au préjudice de divers, surtaxes dont le remboursement paraît devoir s'élever à plus d'un million de francs.

De ce qui précède que faut-il conclure ? Un dilemme se présente. à notre esprit : ou les tarifs de chemins de fer sont tels qu'on ne puisse les appliquer sans commettre de fréquentes erreurs, et dès lors il importe de les réformer de manière à obvier à cet inconvénient ; ou les Compagnies sont de mauvaise foi, et il est nécessaire de surveiller leurs écritures et de leur imposer l'obligation de restituer d'office, les taxes qu'elles auront indûment encaissées.

En attendant que des mesures soient prises pour garantir le public contre toute exaction, nous engageons les expéditeurs à exiger, ainsi qu'ils en ont le droit, un exemplaire de la lettre de voiture à double original. Cette pièce leur tiendra lieu de contrat et, en cas de litige, servira à établir leurs prétentions vis-à-vis des Compagnies.

D'après l'article 102 du Code de commerce :
La lettre de voiture doit être datée.

Elle doit exprimer : la nature et le poids ou la contenance des objets à transporter; le délai dans lequel le transport doit être effectué.

Elle indique : le nom et le domicile du commissionnaire par l'entremise duquel le transport s'opère, s'il y en a un, le nom de celui à qui la marchandise est adressée; le nom et le domicile du voiturier.

Elle énonce : le prix de la voiture; l'indemnité pour cause de retard.

Elle est signée par l'expéditeur ou le commissionnaire.

Elle présente en marge les marques et numéros des objets à transporter.

La lettre de voiture est copiée sur un registre coté et paraphé, sans intervalle, et de suite.

Bien qu'aujourd'hui la lettre de voiture soit pour ainsi dire tombée en désuétude, et que le récépissé la remplace, néanmoins il est des circonstances dans lesquelles la marchandise ayant à subir une rupture de charge et à passer par divers moyens de transport, cette pièce pourra être utile à l'expéditeur. Les Compagnies, ainsi qu'en a jugé la Cour de cassation par un arrêt du 31 juillet 1857, ne sauraient se soustraire aux prescriptions de l'ordonnance du 15 novembre 1846, article 50, paragraphe 2 : « Un récépissé devra être délivré à l'expéditeur, s'il le demande, sans préjudice, s'il y a lieu, de la lettre de voiture. Le récépissé énoncera le délai dans lequel le transport devra être effectué. » Au surplus, l'article 26 du cahier des charges porte : « Toute expédition de marchandises dont le poids sous le même emballage excédera 20 kilogr. sera constatée par une lettre de voiture dont un exemplaire restera aux mains de l'expéditeur et l'autre aux mains de la Compagnie. »

Mais le récépissé ayant les mêmes effets que la lettre de voiture devra suffire, au moins en un grand nombre de cas, à l'expéditeur. Qu'il l'exige donc pour établir, sans conteste, la remise de sa marchandise au chemin de fer, et, si besoin est, qu'il emploie des moyens coercitifs pour vaincre, sur ce point, le mauvais vouloir des Compagnies.

Celles-ci ne recevant d'une part que des marchandises soigneusement emballées, ensachées, encaissées, à moins que les tarifs ne dispensent de cette obligation, et prenant, d'autre part, toute sorte de précautions pour dégager leur responsabilité, en cas d'avarie; excédant même la limite des conditions imposées à l'expéditeur, nous croyons devoir conseiller au destinataire d'agir avec rigueur, c'està-dire dans la mesure des droits qui lui appartiennent.

Avant tout il devra vérifier ses colis, *intus et extra*. Les Compagnies se sont longtemps et très-vivement opposées à ce qu'on s'assurât de l'état intérieur de ceux-ci, ce qui les mettait fort à l'aise; mais la jurisprudence a réduit à néant une aussi ridicule prétention.

Arrivait-il en gare pour être livrés à domicile des paniers contenant un certain nombre de bouteilles de champagne, les hommes d'équipe

brisant à travers l'emballage une ou plusieurs
de ces bouteilles, recevaient le liquide en un
vase quelconque et pouvaient ainsi déguster le
vin de la veuve Clicquot ou du duc de Monte-
bello. Le destinataire à qui on déniait le droit
de vérifier le contenu des paniers, obligé de
s'en rapporter à l'extérieur, ne découvrait rien
dans celui-ci qui lui fît soupçonner le larcin; il
payait le port et c'en était fait. Mais la jurisprudence, avons-nous dit, a triomphé de l'opposition des Compagnies.

Après avoir vérifié l'état des colis, il exigera
que sa marchandise soit pesée, et en cela usera
d'un droit inscrit dans les conditions générales
des tarifs. Ici encore, nous retrouvons les Compagnies qu'un mauvais esprit porte à s'affran-
chir des obligations dérivées de leur cahier des
charges, çà et là résistant à une très-légitime
prétention, et parfois mettant l'expéditeur dans
la nécessité de recourir aux tribunaux.

Vérification faite de l'état des colis et après
avoir exigé le pesage de sa marchandise, il restera au destinataire, sauf le cas où elle présen-
terait un *manquant* ou des *avaries*, et il ne
devrait pas hésiter à la laisser pour compte de
la Compagnie; il restera, disons-nous, au desti-

nataire à réclamer le récépissé qui accompagne celle-ci et lui permet de s'assurer de la complète exécution des clauses relatives au transport, soit en ce qui concerne la longueur des délais, l'application des tarifs, soit pour toute autre considération.

En effet, comment exiger le remboursement de taxes illégalement perçues, si l'on n'établit d'une manière évidente la preuve d'une exaction qui pourra remonter à plus de vingt années?

On ne saurait croire, à cause même de la parfaite innocuité du procédé, combien sont fréquents de semblables abus et combien aussi se sont élevées de réclamations ayant pour but la restitution de sommes extorquées au public, dans l'application des tarifs. Nous conseillons donc au destinataire de garder ses récépissés et, à l'occasion, de les soumettre à l'examen d'hommes pratiques, versés dans la matière, capables de découvrir une surtaxe et d'indiquer tout cas donnant droit à remboursement.

D'après un dicton populaire d'accord avec un principe de droit commun, erreur ne tient pas compte; et nous ne sachions pas qu'il y ait avant trente ans une prescription relative aux erreurs qui sont commises par les Compagnies. Jusque-là le destinataire sera donc admis à revendiquer un droit sur lequel tout le monde est d'accord, celui de rentrer en possession de sa propre chose.

Mais après chaque période trentenaire, le public n'étant plus recevable en ses prétentions, nous demandons que les millions qu'il a payés aux Compagnies et qu'il ne leur devait point, durant ce temps mis à sa disposition et non restitués parce que rien ne l'en avertissait, fassent retour au Trésor, ainsi que cela se pratique pour les colis en souffrance, qui, n'étant pas réclamés dans le délai de six mois, sont vendus, à la diligence du Domaine.

Autour de ce privilége, le premier et le plus important de tous, se groupent comme autant d'annexes qui lui apportent leur concours, diverses industries privilégiées. C'est d'abord le factage et le camionnage exécutant le transport de gare à domicile, et *vice versa,* des marchandises expédiées par la grande comme par la petite vitesse.

Les conventions intervenues entre l'État et les Compagnies ont laissé dans ce service une place à la concurrence. MM. les négociants doivent à cette circonstance, le bénéfice des conditions auxquelles ils font voiturer leur marchandise, partout où les chemins de fer ont des camions. A côté de ceux-ci sont établis des commissionnaires de roulage qui transportent à un prix inférieur au tarif, les colis des particuliers. Les Compagnies le savent et, çà et là, s'évertuent à entraver l'action de ces voituriers. Nous en avons cité un exemple qui aura suffi pour édifier nos lecteurs. Nous ajouterons un dernier trait au fait évoqué par nous.

Dans la revendication soulevée par le concurrent du camionneur de la Compagnie, celle ci exigeant, c'était son droit, la preuve du préjudice causé au plaignant, après avoir refusé la communication de ses écritures, a osé prétendre que la gare dans laquelle s'étaient accomplis les faits incriminés, est dépourvue de livre de sortie. Or, nous devons observer que l'existence d'un registre sur lequel ont lieu les émargements est réglementaire, et que la Compagnie à laquelle s'adressait le commissionnaire dont nous avons parlé, a tout simplement excipé d'un moyen de défense pitoyable, ridicule, indigne d'elle, que nous appellerons une fin de non-recevoir.

Le procès est pendant, et nous regrettons de ne pouvoir en faire connaître dès à présent l'issue, qui n'est douteuse pour personne.

Sur tel et tel point du réseau de ***, une entreprise privilégiée est chargée de conduire les voyageurs de la gare à domicile. Nous tenons de bonne source, nous savons pertinemment qu'elle réalise des bénéfices considérables. Doit-on s'en étonner, si l'on songe qu'aucune entreprise rivale n'a pu entrer en lice et la forcer à baisser ses tarifs; l'accès de la gare étant interdit à tout service public non agréé par l'administration. Là, aucune concurrence n'est permise; aussi la bourse du voyageur contribue-t-elle à enrichir ceux qui ont obtenu le privilége de le voiturer.

Parlerons-nous du service de bouche, du buffet? MM. les employés de chemins de fer, voire même les ingénieurs qui certes ne dédaignent point les menus profits, sont traités, dans ces établissements privilégiés, avec les égards dus à leur qualité; il existe pour eux un tarif spécial de gueule. Mais le public, qui n'a pas droit aux mêmes faveurs et qui paye les frais... est-il de leur avis en ce qui concerne le prix des comestibles? Nous laissons aux voyageurs le soin de répondre à la question.

Reste la bibliothèque. Encore un monopole qui a été concédé à l'une des premières maisons en librairie de Paris. Cette maison, qui fournit de romans les marchands de journaux accrédités près des chemins de fer, n'autorise un éditeur à vendre ses œuvres dans les gares où elle exerce son privilége, qu'à la condition de prélever quarante pour cent sur le prix des ouvrages. Nous demandons quelle part doit rester à l'éditeur dans le bénéfice de la vente, à moins que le public, c'est-à-dire l'acheteur, ne se charge, une fois encore, de payer les frais de ce contrat léonin.

Nous passerons sur le privilége de l'affichage dans les gares, qui n'est pas moins un droit accordé aux uns à l'exclusion des autres.

CONCLUSION

> Plaise aux Compagnies reviser leurs tarifs, réduire les taxes, et par une exploitation plus libérale, à la fois, et plus conforme aux besoins pour lesquels elles ont été instituées, donner au public une légitime satisfaction !

Nous vivons à une époque où de semblables exceptions se multiplient et ne tendent à rien moins qu'à resserrer le pays dans un cercle étroit d'exploitations privilégiées. Ici la Banque de France ; là les mines, les canaux, les chemins de fer ; ailleurs le monopole des sels ; plus loin celui des tabacs ; il n'est pas jusqu'au silicate de magnésie hydraté, plus connu sous le nom d'écume de mer, qui ne soit devenu l'objet d'une exception consentie par la Sublime Porte.

Là où le privilége que nous prenons ici pour la cause est réparti entre plusieurs, la coalition résout le problème de l'unité et constitue le monopole qui en est la manifestation. N'avons-nous pas vu certain nombre d'exploitations minières organiser un syndicat et s'entendre pour la vente de leurs produits? On ne saurait nier qu'il existe un accord tacite entre les commanditaires de telle ou telle entreprise.

Et quand nous assistons à la création de Sociétés ayant pour but d'encourager, de favoriser le développement du commerce et de l'industrie, nous demandons si le moment est venu où il sera permis à la concurrence, qui en est l'âme et l'aiguillon, de gagner le terrain que le privilége a usurpé.

Vous voulez protéger l'industrie, la développer, rien de mieux assurément; mais pour que votre initiative soit efficace et pour que cette protection se traduise par des actes, commencez par la soustraire à la nécessité dans laquelle vous l'avez placée de conclure des traités onéreux, en multipliant les intermédiaires. Faites en sorte qu'elle puisse se procurer la matière première à bon marché, abaissez les tarifs de chemins de fer et vous aurez infailliblement atteint le but que vous vous êtes proposé.

Le charbon est le pain de l'industrie, c'est-à-dire, l'aliment qui lui est le plus nécessaire. Un

usinier qui consomme, bon an mal an, deux
cents tonnes de houille, d'une valeur approxi-
mative de six mille francs, avait à plusieurs
reprises, mais vainement, demandé ce combustible à la mine, ou plutôt à son gérant. Celui-ci
l'avait invité à s'adresser à l'agent commercial
institué au chef-lieu du département, qui l'avait
à son tour renvoyé à l'agent particulier de la
localité la plus rapprochée de son usine

Ainsi, disait-il, le gérant de la mine commence
par prélever un premier bénéfice sur la vente du
charbon à l'agent commercial; celui-ci réalise
un nouveau profit sur la vente de cette marchandise à l'agent particulier et ce dernier prélève un
troisième bénéfice sur le combustible qu'il me
livre. Encore est-il des usiniers qui ont affaire
avec un quatrième agent.

Pourquoi ne pas avoir, depuis longtemps,
supprimé ces intermédiaires que nous considérons comme autant de parasites vivant au détriment de l'industrie?

A un moment donné, nous avons vu l'un d'eux
prétextant de la pénurie des houilles, vendre
cinquante et jusqu'à soixante francs la tonne,
une marchandise que l'industrie anglaise payé
huit à dix francs. Et les usiniers étaient obligés

de passer par les fourches caudines de cet agent qui les rançonnait à merci!

Maintenant, qu'on nous dise si le sort de ces industriels que la fatalité avait ainsi placés entre le privilége lorsqu'ils voulaient se procurer le charbon nécessaire à leur industrie, et la concurrence dès qu'il s'agissait du placement de leurs produits, qu'on nous dise si le sort de ces usiniers n'était point digne d'intérêt?

Voilà un trait qui nous a semblé peindre en raccourci, la situation du commerce et de l'industrie. Les grands industriels, ceux qui brûlent une plus forte quantité de houille sont admis à traiter directement avec la mine ; ils ont sur les petits l'avantage de supprimer un ou plusieurs intermédiaires ; mais ne se trouvent-ils pas, tout comme eux, en présence d'une exploitation privilégiée?

Lorsqu'ils voudront écouler leurs produits, n'auront-ils pas à lutter contre une concurrence d'autant plus redoutable que l'industrie étrangère se sera procuré le charbon à quarante, jusqu'à trente pour cent de rabais, et qu'elle aura payé sur les railways des taxes excessivement réduites?

Et les conventions internationales serviront

de passe-port à cette concurrence, qu'elles auront introduite dans notre pays, sans qu'il en ait retiré un avantage de nature à faire oublier le préjudice qui en est résulté pour l'industrie française.

Mais nous touchons au traité de commerce et nous ne l'évoquerons pas autrement que pour constater le *tolle* général qu'il a soulevé parmi nous.

Les uns ont vu dans cette œuvre économique, dont la responsabilité tout entière appartient au chef de l'État, le dessein de créer un stimulant capable d'élever l'industrie nationale au niveau de celle de nos voisins.

Les autres ont insinué qu'elle était une prime jetée en pâture aux appétits mercantiles d'Albion, un gage de cordiale entente, au prix duquel notre Gouvernement s'était concilié les sympathies britanniques.

Nous n'avons pas à rechercher ce qu'il peut y avoir de vrai au fond de ces appréciations, et ne saurions nous occuper davantage du but qu'on s'est proposé en consentant un semblable traité. S'il y a divergence d'opinions relativement à la cause, tout le monde est d'accord sur l'effet, dont le pire inconvénient est d'avoir placé, de ce côté de la Manche, l'industrie en face d'une situation à laquelle elle n'était pas préparée.

Il serait oiseux d'insister désormais sur l'importance du transport et le rôle qu'il joue dans les transactions. Nous croyons avoir démontré l'un aussi bien que l'autre. Nous ajouterons qu'avant la conclusion du pacte international dont nous parlons, ceux qui l'ont élaboré auraient dû tourner leur sollicitude du côté des chemins de fer, et s'enquérir des conditions auxquelles l'industrie nationale se trouvait subordonnée, par suite de l'élévation des tarifs.

La question des laines nous en a fourni un exemple concluant. Cette matière textile, qu'on récolte dans les régions où l'élève des races ovines a pris un certain développement, telles que la Camargue et notamment la Crau d'Arles, ne peut atteindre aux centres manufacturiers, sans être grevée d'un excédant de voiture qui la met hors d'état d'entrer en concurrence avec les laines étrangères.

Combien d'exemples de cette nature nous pourrions citer plus concluants encore !

La tolérance de ceux qui nous gouvernent irait-elle jusqu'à laisser perpétuer une aussi déplorable situation? Nous ne le pensons pas. Nous croyons au contraire que le tempérament français ne saurait l'endurer bien longtemps.

En l'état, l'omnipotence des Compagnies de chemins de fer est telle en ce qui concerne leur exploitation, et telles sont les décisions qu'elles prennent à cet égard, qu'il n'y a plus, nous n'hésitons pas à le dire, de sécurité pour le commerce et l'industrie.

Celui-ci est un disposeur qui emploie ses capitaux à construire, dans la banlieue de Paris, une raffinerie de sucre dont les produits iront approvisionner la ville de Lyon. Sans concurrence sur cette place, il a naturellement compté sur un écoulement avantageux, durable et certain, mais il a compté sans les chemins de fer. Par une ingénieuse combinaison de leurs tarifs, les Compagnies d'Orléans et de Lyon feront arriver dans cette ville les sucres nantais et ruineront ainsi les espérances du raffineur parisien.

Cela s'appelle, dans le langage usité par le monopole, un tarif de détournement. Nous en connaissons d'autres, mais à quoi sert de mulplier les exemples. *Ab uno disce omnes!*

Quel intérêt, quel mobile enfin portait les

Compagnies réunies d'Orléans et de Lyon, à abréger en ce cas les distances, et à faire arriver dans le chef-lieu du Rhône, une marchandise que sa population avait jusque-là demandée à Paris ?...

Et comme si ce n'était assez de ces tarifs, capables de détourner de leur courant des relations industrielles ou commerciales, les Compagnies ont conclu des traités de faveur. Nous disons, pour que personne n'en ignore, qu'elles ont conclu des traités de faveur.

Georges Duchêne, dans une publication qui vient de paraître sous le titre l'*Empire industriel*, en cite plusieurs cas. L'un d'eux nous a été raconté par un ami commun qui en avait eu connaissance le premier.

Les preuves morales, les présomptions étaient telles qu'aucun doute n'était permis ; mais le plaignant ne pouvant encore produire la preuve matérielle du fait, voici ce que lui écrivait l'ingénieur en chef de la ligne :

« Pour que M. C. M. eût le droit de se plaindre, il faudrait qu'il prouvât que la Compagnie fait à M. L... ou autre, des concessions sur son parcours, et que tout en exigeant de lui 7 f. 10 c. pour le transport de R... à R... elle ne perçoit de ses concurrents qu'un prix moindre. Aucune concession semblable n'a été faite, aucun arrangement de ce genre n'a été pris au nom de la Compagnie avec aucun de ses correspondants. On peut l'attester de la manière la plus formelle, et M. C. M. peut être mis au défi de fournir une seule preuve de ce qu'il avance. »

« Aucun avantage, dit une autre Compagnie relativement à la même plainte, n'a été fait par la ligne de *** au sieur L... et aux expéditeurs de R... La Compagnie ne pouvait sans enfreindre les règlements, sans manquer à la justice, leur faire les concessions particulières qu'ils sollicitent.

« Or, ajoute Georges Duchêne, le moyen, je vous le demande, d'enlever aux archives des menteurs, cette preuve qu'ils vous somment d'apporter contre eux.

« Pourtant les pièces sortirent, un jour, sans escalade ni effraction, de leurs casiers si bien gardés. »

Suivent deux lettres, la première adressée par le chef du contrôle à l'ingénieur en chef de la Compagnie de *** ; la deuxième écrite par l'inspecteur principal au directeur des chemins de *** ; ces deux lettres établissent d'une manière péremptoire, probante, l'existence d'un traité de faveur consenti au profit de L...

Procès et jugement rendu le 17 janvier 1868 contre trois Compagnies condamnées à payer à C. M. et consorts des dommages intérêts à fixer par état; appel, et le 26 décembre de la même année, arrêt confirmatif de la Cour impériale de Paris.

Nous avons épargné au lecteur l'exposé des moyens dont se servaient les Compagnies, pour repousser l'action intentée par leurs adversaires. Elles excipaient, en premier lieu, de ce que les lettres qui établissent le délit, ayant un caractère confidentiel, et du reste soustraites par une sorte d'abus de confiance, ne devaient point être admises comme preuve à l'appui; en second lieu elles invoquaient la prescription triennale.

Honnêtes Compagnies, voilà l'usage que vous faites de votre privilége!

« D'un procès plaidé en 1867, poursuit Georges Duchêne, il résulte qu'un maître de forges de *** avait obtenu sur ses transports une détaxe de 7 fr. 73 c. par tonne, ce qui lui constituait sur ses concurrents un bénéfice annuel de 750,000 francs. »

Qu'on nous dise après, s'il reste au commerce et à l'industrie la moindre sécurité et si d'ailleurs l'un et l'autre sont assurés de trouver dans le transport de leurs marchandises, des conditions égales à celles de leurs concurrents. Jamais !

C'est le cas de demander à quoi sert le contrôle de l'État et en quoi consistent les fonctions par lui salariées, d'inspecteur de l'exploitation commerciale ; car enfin cette inspection n'a pas, que nous sachions, pour but la personne des employés, mais leurs écritures.

Nous sommes loin d'avoir épuisé la série des abus dont se rendent coupables les Compagnies de chemins de fer. A vrai dire nous ne considérons pas comme achevée la tâche que nous nous sommes imposée de les divulguer. Nous croyons, en cela, être utile à nos semblables et nous saurons gré à quiconque aura des faits inédits à révéler, de nous les signaler : un immense intérêt est attaché à la répression de ces abus, et nous avons pensé que le plus sûr moyen d'y parvenir était de les porter à la connaissance des intéressés.

Le public, nous l'avons dit, est sans défense contre l'arbitraire des Compagnies. La Presse, seul moyen de donner de l'écho aux plaintes qu'elles ne provoquent que trop souvent, la Presse, sauf d'honorables exceptions, reste muette et se refuse à enregistrer les plus légitimes griefs. Comment expliquer une pareille conduite, autrement que par la captation ?

Nous avons sous les yeux le compte rendu d'un procès en police correctionnelle. Un entrepreneur de travaux publics a distribué des pots de vin à diverses personnes parmi lesquelles deux journalistes. Chacun d'eux a reçu vingt mille francs pour soutenir l'entreprise, et appeler à elle les capitaux de cette variété de croyants de laquelle on a dit : Semez de la graine de niais, il poussera des actionnaires. Un de leurs confrères, mis en cause, déclare le plus carrément du monde qu'il n'a rien reçu parce qu'on ne lui a rien proposé, ce qui revient à dire que, si on lui eût proposé, aucun scrupule ne l'eût empêché d'accepter. « J'ai trouvé fort juste, dit-il, que la Compagnie rémunérât les journaux qui seraient venus l'aider dans une œuvre d'intérêt public. Oui, je trouvais juste qu'elle les rémunérât pour des travaux spéciaux auxquels ils auraient pu être forcés de se livrer, soit pour éclairer le public,

soit pour faciliter le placement de ses actions. »
Plus loin, il ajoute : « Je réitère mes explications à ce sujet, à savoir qu'un journal peut,
sans avoir à rougir en aucune façon, accepter
une rémunération pour venir en aide à une
société chargée de l'exécution d'un projet de
travaux d'intérêt public. »

Quand on professe une semblable doctrine,
on est porté à se taire sur les abus d'une Compagnie qui vous accorde, à titre gracieux,
un permis de circulation sur toutes ses lignes
de chemins de fer. Car nous ne voulons pas
croire que la captation de ces puissantes
associations qui se partagent le privilége de
nous voiturer nous et nos marchandises, consiste à distribuer des pots de vin. Non ; mais la
condescendance des Compagnies vis-à-vis de
MM. de la Presse va si loin, qu'elle s'étend
à leurs parents et amis. Nous avons, nous-même, surpris dans les mains d'un ecclésiastique
assez riche pour payer sa place, un permis qu'il
devait à l'influence d'un écrivain distingué, son
parent.

Nous connaissons un bibliothécaire qui pu-
blie, à ses heures, des articles de critique, lequel

14.

obtient, quand bon lui semble, un permis de circulation gratuite sur tel réseau de chemins de fer.

La Presse bénéficie, généralement, d'une semblable immunité. Dame! il ne faut point s'aliéner les sympathies de ces messieurs si chatouilleux sur les principes du droit commun, si faciles et si prompts à s'enflammer à propos de relations internationales et trop souvent muets sur des questions d'intérêt public. Aussi un simple rédacteur est assuré, de par sa plume, de circuler gratuitement, du couchant à l'aurore et du septentrion au sud. Une collection de journalistes allant à la recherche du jardin des Hespérides, voyageait même jadis, sans bourse délier, sous le bénéfice d'un train spécial.

Avec la Presse, les dépositaires de l'autorité; nous avons à peine besoin d'en parler. C'est d'abord le chef de l'État, cela va de soi; après lui, les ministres, les administrateurs des services publics, une multitude de fonctionnaires.

Dans les départements, le préfet, un personnel nombreux. Cela nous rappelle un proverbe anglais dont voici la traduction : « Nous donnons tout à ceux qui n'ont besoin de rien, nous ne donnons rien à ceux qui ont besoin de tout. »

Nous avons rencontré, dans nos excursions, un voyageur muni d'un permis qu'il devait à son oncle, administrateur d'un service salarié par l'État, qui le tenait de la Compagnie de *** laquelle avait poussé la complaisance jusqu'à laisser en blanc la date et le nom du permissionnaire.

La Presse et les pouvoirs publics gagnés à leur cause, ainsi prévenus en leur faveur, on ne devra point s'étonner de ce que les Compagnies exercent leur privilége dans la plus parfaite quiétude, et de manière à mécontenter leur clientèle. Au demeurant, loin de se préoccuper de l'opinion publique, elles trouveront tout naturel de dispenser les uns d'une taxe d'entrepôt, d'un droit de magasinage qu'elles auront exigé des autres ; il pourra même jusqu'à un certain point leur paraître équitable d'appliquer un tarif de détournement à telle ou telle industrie ; de conclure avec celui-ci un traité particulier dont celui-là ne bénéficiera point. Grâce, enfin à la confusion qui résultera de la multiplicité des taxes, elles croiront, en leur âme et conscience, devoir porter au crédit des

expéditeurs, des millions qu'ils auront indûment payés, dont on ne les avisera pas et qu'ils
ne réclameront point.

Nous soumettons ce procédé à l'appréciation
de MM. les casuistes.

A la faveur du laissez-faire qui les absout, les
Compagnies délivreront sur tel point des billets
d'aller et retour à prix réduit, qu'elles auront
refusé sur tel autre point. Voulez-vous de l'arbitraire, on en a mis partout! Encore une fois,
quelle sécurité trouveront le commerce et l'industrie dans une pareille situation?

Il est temps que cela finisse ; il est temps que
le gouvernement intervienne au nom même de
l'utilité publique et provoque de sages et indispensables réformes dans l'exploitation de nos
chemins de fer. *Salus populi suprema lex esto !*
Il ne s'agit pas ici de salut public, il est vrai,
mais d'une question d'utilité générale, intéres-
sant au plus haut degré les masses. Nous demandons en conséquence qu'on revise les tarifs,
qu'on les élucide et les simplifie, en un mot
qu'on en mette l'application à la portée de toutes
les intelligences. Nous n'avons pas grand espoir
d'être écouté, mais enfin nous demandons une
chose juste, équitable, et ce que nous n'aurons

pas obtenu de ceux-ci, aujourd'hui, pourrait bien nous être accordé par ceux-là, demain.

Encore un trait, à ce sujet, et ce sera le dernier. Plusieurs négociants de *** ont reçu de la part d'un expert en matière de tarifs, présentant du reste toutes garanties, une proposition tendant à le charger de l'expédition de leurs marchandises sur le transport desquelles il s'engage à leur procurer une économie moyenne de 3 francs par tonne.

L'un de ces négociants, après avoir convenu qu'une telle proposition lui assure un bénéfice de 20,000 francs par an sur la totalité de ses expéditions, a inutilement cherché à connaître la combinaison au moyen de laquelle l'expert pouvait obtenir un semblable résultat : « C'est mon secret, a répondu celui-ci. Donnez-moi les pouvoirs nécessaires pour faire vos expéditions et je tiendrai parole. » A l'heure à laquelle nous écrivons ces lignes, expert et négociants sont en pourparlers.

D'après les explications qui nous été données nous ne doutons pas que les négociants de ***, réalisent prochainement une économie considérable sur le port de leurs marchandises. Quant à l'expert, son secret consiste dans une

combinaison de tarifs qui a échappé à la clair-
voyance des expéditeurs.

On ne saurait voir jusque-là qu'une simple
proposition ; mais pour nous qui en connaissons
l'auteur, nous sommes certain que l'événement
justifiera son attente s'il réussit à s'entendre
avec les négociants.

Quand MM. les fabricants d'huile de grai-
nes à Marseille ont exprimé cet avis que le
Gouvernement se verra un jour, forcé de créer
une chaire pour l'enseignement des tarifs, ils
traduisaient une pensée commune à tous ceux
qui ont étudié cette complexe et difficile question.

Tarif ordinaire, tarif général, tarif différentiel, tarif de provenance, tarif commun, tarif
combiné, tarif de détournement sans être commun, tarif commun sans être de détournement,
tarif inversement proportionnel à la distance
parcourue, tarif spécial, tarif de transit, tarif
d'exportation, etc., auxquels il convient d'ajouter les tarifs particuliers et les tarifs de faveur
sur lesquels les cahiers des charges sont
muets.

Quel charabia, mon Dieu; quel galimatias !!!
alors que dans un pays voisin il n'y a qu'une

taxe kilométrique pour tous les transports et tous les produits.

Ces tarifs se subdivisent en séries, catégories, etc., bien capables de favoriser les erreurs dont nous avons précédemment parlé.

Cela nous reporte malgré nous à l'époque déjà éloignée où chaque province avait ses poids et mesures, ses monnaies. Il n'a manqué à ce temps que les tarifs de chemins de fer, ou si l'on veut, renversons la proposition : il manque à notre époque les monnaies, les poids et mesures établis d'après un étalon différent pour chaque province.

Se figure-t-on la confusion qui eût régné dans ce dédale, et la difficulté qu'on eût éprouvée à établir une concordance entre des éléments si multiples et si divers?

Mais nous n'avons à nous plaindre aujourd'hui que de la complication des tarifs, et il nous a semblé qu'il convenait de les simplifier.

Il est une réforme plus urgente encore parce qu'elle touche de plus près à un intérêt public, à savoir : l'abaissement des taxes dont l'assiette sur les chemins français, est une cause de malaise et de souffrance pour l'industrie nationale.

Quand on appelle la discussion sur ce terrain, les Compagnies opposent invariablement une fin de non-recevoir. On a beau leur persuader que toute mesure tendant à diminuer le prix de la chose a pour effet d'en augmenter le débit; en vain leur dira-t-on qu'elles verraient le mouvement des voyageurs aussi bien que celui des marchandises s'accroître chez elles, si les taxes étaient moins élevées, les plus concluants exemples ne pourront les convaincre.

D'une part, aucune concurrence à redouter; d'autre part, elles exploitent un privilége à la puissance duquel, ainsi qu'à toutes choses, il est des limites. Cela est si vrai qu'elles ont obligé, çà et là, certaines matières de peu de valeur à recourir à d'autres moyens de transport. On a même signalé l'affluence de marchandises sur telle ligne et, par suite, l'encombrement des rails comme une cause capable de s'opposer à une réduction des tarifs. *That is the question*, a dit un critique, mais nous ne sommes pas complétement de son avis.

Les Compagnies, nous le répétons, arguent des charges que leur ont imposées les cahiers, pour refuser toute modification des taxes qu'elles sont autorisées à percevoir. A les en croire, sauf les grandes lignes qui seules donnent quelques profits, elles ne trouveraient dans l'exploitation des embranchements, qu'une insuffisante rémunération du capital engagé, ce qui se traduit par des sacrifices.

Il n'est personne qui prenne un pareil langage au sérieux. Nous invoquerons, pour preuve du contraire, l'empressement qu'elles mettent à repousser toute tentative d'intrusion de la part d'une Compagnie voisine, dans la portion du territoire qu'elles considèrent comme faisant partie de leur domaine, soumise à leur exploitation et devant être desservie par elles.

Ici nous ouvrons une parenthèse à la protestation des administrateurs de la Compagnie de Lyon, contre le projet d'un chemin de fer d'intérêt local de Saint-Étienne à Givors et de la dernière de ces villes à Lyon, chemin à exécuter partie par le département de la Loire et le restant par celui du Rhône.

Ce railway, dont le but consiste à offrir aux mines de Saint-Étienne et de Rive-de-Gier un plus facile et moins coûteux écoulement de leurs produits, feriat arriver les houilles à Givors où la navigation fluviale s'en emparerait pour les transporter à un prix relativement très-bas, à Marseille et sur quelques autres points du littoral méditerranéen.

Mais déjà la Compagnie de Lyon exploite une voie ferrée suivant le même parcours, en sorte que la création du chemin projeté lui serait parallèle et entrerait en concurrence avec cette voie.

D'une part, grand émoi parmi les administrateurs de Lyon, protestation et démarches de toute sorte pour s'opposer à la concession dudit chemin. « Actionnaires, veillez! s'écrie à ce sujet, l'un des intéressés. Voyez ce que vous donne de sécurité le gouvernement personnel! Au moment où vous y songez le moins, un caprice, un arrêté préfectoral peuvent devenir une menace pour vos fortunes, pour vos épargnes! »

D'autre part, les conseils généraux de la Loire et du Rhône, ainsi que le Conseil municipal de Marseille, ont émis un vœu tendant à faire décréter la concession du chemin dont s'agit; de notables industriels et commerçants marseillais ont pétitionné dans le même sens.

Il y a là une question d'économie sociale

que nous posons en ces termes : où commence, où finit l'utilité publique ? Question oiseuse, dira-t-on...... Les plus hautes comme les plus légitimes influences n'ont pu triompher de l'opposition de la Compagnie de Paris à la Méditerranée, qui est restée maîtresse du terrain et nous a prouvé, contrairement à une auguste parole, que l'opinion publique n'a pas toujours le dernier mot.

Incontestablement les Compagnies ont des charges, mais celles-ci diminueront à mesure que le service du mouvement et celui de l'entretien et de la voie seront mieux administrés.

En ce qui concerne le mouvement, par exemple, on constatera qu'il y a ici un personnel insuffisant, alors qu'on aura compté plus loin un nombre d'employés excédant les besoins du service.

Les chefs de gare sont chargés de recruter les hommes d'équipe qui leur sont nécessaires. Nous avons vu l'un d'eux animé d'un zèle qu'on ne saurait louer, méconnaissant l'esprit pour ne s'attacher qu'à la lettre de son mandat, réduire à la fois le nombre de ces employés et leur salaire à un taux si bas, qu'ils ne trouvaient plus dans leur travail des moyens d'existence.

On se souvient de cet inspecteur qui avait rencontré parmi ses hommes d'équipe, des pourvoyeurs de gibier. Il les envoyait à la chasse, en tant que de besoin, et le cas se présentait souvent. Ces manouvriers n'étaient donc pas indispensables au service du mouvement.

La latitude laissée aux chefs de gare, à ce sujet, est une source d'abus. Les uns en usent avec mesure, il est vrai, mais les autres tombent dans des excès contraires, et trop souvent MM. les inspecteurs n'exercent qu'une surveillance incomplète.

Il s'ensuit que là où l'administration, en réduisant son personnel, aura réalisé des économies, les employés seront mécontents, parce qu'on leur aura imposé un surcroît de besogne sans compensation, tandis que lorsque ceux-ci seront plus nombreux que n'exige le service, la Compagnie se plaindra de l'excédant de ses dépenses sans qu'il en résulte un accroissement proportionnel de recettes.

Il y a beaucoup à dire sur l'organisation des Compagnies relativement à la plèbe ouvrière, son recrutement, le nombre d'heures de travail qu'on lui impose, la question des salaires, celle des retraites.

Pour ne citer qu'un exemple entre mille, et nous le prendrons dans le service de la traction, les mécaniciens de telle Compagnie ne sont plus exclusivement recrutés parmi les élèves des écoles des arts et métiers ; on les demande à des professions n'ayant aucune connexité, aucun rapport avec la mécanique. Aussi ne devra-t-on pas s'étonner de voir des locomotives montées par des chapeliers, des garçons de café, des maraîchers, des cordonniers, le plus souvent illettrés et, par conséquent, incapables de se rendre compte d'un ordre de service.

Les Compagnies trouvent dans cette catégorie de déclassés, des sujets beaucoup moins indépendants que les élèves sortis des écoles, que l'industrie recherche et auxquels elle offre des avantages autrement considérables. Mais nous demandons ce que la sécurité publique peut gagner à un semblable calcul. Qu'on nous le dise.

M. Bisson, un mécanicien qui a collaboré aux *Accidents de chemins de fer*, publiés par M. le baron de Janzé, relève la même observation sur le réseau du Nord; mais notre assertion s'applique à d'autres lignes.

Puisque nous avons dit un mot des mécaniciens, ces pionniers de l'industrie, nous ajouterons que les subtilités du règlement auquel on les a soumis, leur créent une situation qu'on ne saurait perpétuer.

Ainsi la durée du travail fixée à dix heures, s'élève en moyenne à quinze sur vingt-quatre heures. Voici à quel expédient les Compagnies ont recours pour exiger de cette intéressante catégorie d'ouvriers, un labeur de quinze heures. Leur tâche est calculée à raison du temps pendant lequel tournent les roues de la locomotive, sur le railway qu'elle devra parcourir, déduction faite des manœuvres; ce qui revient à dire que lorsque les roues ne tournent pas, ils sont censés s'appartenir, ou si l'on veut se reposer.

Par exemple, le mécanicien sera tenu d'être présent une heure avant le départ du train pour visiter sa machine, s'assurer qu'elle est en état de marcher, faire ses chargements, c'est-à-dire s'approvisionner de combustible et d'eau, allumer son feu, obtenir un degré de pression qui le mette à même de partir, et ne devra se retirer qu'une heure après l'arrivée, lorsqu'il aura éteint son feu et se sera livré à tous les soins nécessités par l'entretien de sa locomotive. Voilà deux heures que la Compagnie passe à son crédit, qu'elle porte au compte du repos.

Il en est de même de l'arrêt dans les gares, arrêt pendant lequel le mécanicien sera forcé de veiller à l'état du moteur, aux conditions de sa marche, en un mot à tout ce qui concerne la tâche qui lui est dévolue. Son parcours s'élevant à quatre mille kilomètres par mois sur lequel quatre jours de dépôt, qui ne sont pas quatre jours de repos, il en résultera, pour fournir la somme de travail auquel il est quotidiennement appelé, l'obligation de dépenser, en moyenne, quinze heures pour un labeur que le règlement a limité à dix heures.

Vous rencontrez le mécanicien en route ; le temps marche avec lui et lui est compté, rien de plus équitable, assurément ; bientôt le train s'arrêtera, il sera censé se reposer, et ce temps d'arrêt ne lui comptera point. Voilà une des subtilités à l'usage des Compagnies. Sisyphe n'avait pas une tâche plus laborieuse et plus ingrate à la fois.

Placés dans de telles conditions, les mécaniciens et avec eux les chauffeurs auxquels s'appliquent nos observations, sont-ils capables de fournir une longue carrière ? Nous le demandons.

Nous ne dirons rien ici de la retraite que les statuts approuvés par l'assemblée générale des actionnaires, le 18 août 1864, accordent à l'agent du service actif après vingt-cinq années de travaux et lorsqu'il a complété onze lustres ; tandis que l'employé du service sédentaire ne l'obtient qu'après trente ans de bureaucratie et seulement lorsqu'il est devenu sexagénaire. Celui qui après avoir postulé est admis à prendre rang dans le personnel de la Compagnie, sera appelé à signer en blanc une feuille que l'administration remplira, non sans y apporter certaines restrictions qu'il paraît avoir ignorées.

Ah ! combien nous sommes loin du temps où on allouait aux employés une part des bénéfices réalisés par les Compagnies ! Ils n'avaient pas alors, comme aujourd'hui, la perspective d'une retraite, il est vrai ; mais trouvant dans le présent le moyen d'assurer l'avenir, tous étaient intéressés au succès de l'entreprise. Les temps sont bien changés.

Le service de l'entretien et de la voie, tout

comme celui de la construction, prête un large flanc à la critique. Nous ne nous occuperons que du premier, dont nous avons parlé au chapitre des considérations générales. Il aura suffi d'avoir, six mois durant, un œil attentif sur telle Compagnie, pour se persuader que les deniers des actionnaires ne sont pas toujours convenablement administrés.

Combien de dilapidations et que de malversations, du reste, ont creusé un déficit bientôt comblé par les crédits portés au chapitre des dépenses! Car chacun des services qui concourent à l'administration a son budget; mais

Avec la caisse il est des accommodements.

Que de scandales passés sous silence, étouffés! Nous avons signalé une tactique des Compagnies qui consiste, de même qu'un corps d'armée en présence de l'ennemi, à ne point se laisser entamer sur toute la ligne. Aussi, à moins que la justice intervienne au nom même de la loi et qu'elle évoque l'affaire, un acte coupable au premier chef, un abus de confiance, un détournement, seront-ils ignorés du public. MM. les ingénieurs trouveront encore ici moyen de décliner la responsabilité à laquelle pourtant ils devraient être soumis.

Nous connaissons des relations intimes entre tel employé, aux ordres d'un ingénieur ordinaire de section, et tel entrepreneur de travaux à exécuter pour le compte de la Compagnie; et si intimes sont ces relations que ceux qui en sont témoins se livrent aux plus étranges commentaires.

N'avons-nous pas vu un buvetier chargé par les agents du service de la voie, de la réparation et de l'entretien des outils que ce service fournit aux poseurs? Il avait réussi, en donnant à boire, à se faire adjuger cette besogne pour l'exécution de laquelle, au surplus, il avait sous-traité avec des ouvriers.

Ce simple trait nous a semblé caractériser des manœuvres que MM. les ingénieurs n'ont pas toujours ignorées..

C'est ici que leur incurie se révèle dans toute sa plénitude et que nous assistons à de singuliers compromis.

Comment des administrateurs sérieux, préoccupés de l'intérêt de leurs coactionnaires, n'ont-ils pas organisé un contrôle qui prévînt les malversations et rendît les dilapidations impossibles? Il s'agissait tout bonnement de surveiller MM. les ingénieurs ou plutôt leurs agents, et en les mettant à l'abri de toute tentation, on eût évité bien des scandales.

Comment l'État, qui après tout n'est pas si désintéressé qu'on pourrait le croire, puisqu'il a contribué pour un milliard et demi de subvention et garanti quatre milliards, n'a-t-il pas exercé plus de surveillance sur les chemins de fer?

Laissez faire! semble avoir été le mot d'ordre de ces vingt dernières années. Mais à tout il est des bornes; quand le calice est plein il suffira d'une goutte d'eau pour le faire verser; ainsi, désormais, est comblée la mesure de la tolérance à la faveur de laquelle les Compagnies ont réussi à se créer une situation exceptionnelle.

Il est temps que leurs tarifs soient revisés; l'utilité publique réclame sur ce point une légitime satisfaction; et si quelque haute et puissante considération s'y opposait, du moins l'État devrait-il empêcher la conclusion de traités de faveur et l'application d'immunités qui ne tendent qu'à créer des priviléges là où la plus parfaite égalité devrait régner.

Nous n'osons pas espérer que les Compagnies introduisent, de leur propre mouvement, de sérieuses réformes dans leur exploitation; non. Mais qu'il nous soit permis d'exprimer un vœu, à savoir :

Que ceux qui nous gouvernent prennent l'initiative de modifications à apporter dans l'exploitation des chemins de fer, au nom de cette utilité publique en vertu de laquelle ils ont été concédés;

Qu'une surveillance effective soit exercée sur les recettes autant que sur les dépenses des Compagnies, en raison des garanties et des subventions qu'elles ont reçues, s'élevant ensemble à cinq milliards et demi de francs;

Qu'elles remboursent d'office le montant des erreurs relevées au contrôle, et porté au crédit des expéditeurs;

Que, du reste, la perception des taxes ait lieu par kilomètre et par tonne; qu'elle soit faite indistinctement et sans aucune faveur, ainsi que veulent les cahiers des charges;

Que le public trouve dans les gares, des commissaires institués pour recevoir les moindres réclamations et en transmettre l'expression à l'autorité supérieure;

Que celle-ci soit toujours prête à réprimer des écarts d'autant plus regrettables, que l'exercice même de leur privilége impose aux Compagnies de plus grands devoirs.

En dernière analyse, il est une considération qui se place au-dessus des intérêts engagés dans le réseau, et domine les raisons capables de s'opposer à ce qu'il en soit ainsi; cette considération s'appelle utilité publique.

A moins que les chemins de fer soient une œuvre exclusive de spéculation, et que le public, avons-nous dit ailleurs, ait été créé pour les Compagnies, elles ne sauraient refuser une modification de leurs tarifs, et par suite un abaissement des taxes.

L'État, et ce terme collectif s'applique à la masse des contribuables, a consenti assez de sacrifices pour avoir le droit d'être écouté des Compagnies, lorsqu'il élèvera la voix au nom du commerce et de l'industrie en souffrance.

Eh quoi! quelques milliers de souscripteurs ont obtenu le privilége de nous voiturer, nous et nos marchandises, à l'exclusion de toute concurrence. Pour atteindre ce but, ils ont créé un réseau de voies ferrées, et dans cette entreprise engagé un capital de un milliard cinq cents millions, pas un rouge liard de plus. Puis ils ont demandé et obtenu de près de quarante millions de contribuables, une subvention égale au capital engagé, soit un milliard cinq cents millions; ensemble trois milliards de francs.

Pour achever cette œuvre, les souscripteurs devenus actionnaires ont fait appel au crédit. A cet effet, ils ont emprunté quatre milliards de francs qui ont été garantis par l'universalité des contribuables. Sans cette garantie, consistant, outre le remboursement du capital, dans un minimum d'intérêt de 4 fr. 65 o/o, l'emprunt n'eût pas été réalisé; voilà qui est certain.

D'autres appels de fonds, nous devons le reconnaître, ont été faits depuis sans aucune intervention de l'État. Mais aussi, devons-nous ajouter que de nouvelles subventions sont venues grossir le chiffre de celles qui avaient été précédemment votées; si bien qu'en 1869, le montant des sommes, tant en subsides qu'en actions et obligations, affectées à la construction du réseau, s'élève à près de dix milliards de francs.

Et ces actionnaires, exploiteurs de nos chemins de fer, auxquels on a fait un pont d'or et créé une situation sans pareille, s'opposeront, par exemple, à une réduction du tarif des laines, conformément à celle consentie pour les cotons. Et les Chambres de commerce de Marseille, Roubaix, Tourcoing et autres villes manufacturières, et le Ministre lui-même ne pourront vaincre la résistance de cette collection d'hommes qu'on a mis en possession du plus exorbitant des priviléges?

Cela ne se conçoit point.

O utilité publique, n'auras-tu donc servi qu'à exproprier les terrains traversés par les chemins de fer?

Le commerce a compris l'impuissance à laquelle il était voué en agissant d'une manière isolée, contre les tendances du monopole, et s'est uni dans une action commune, pour la défense des intérêts commerciaux et industriels.

Dans ce but a été récemment fondée, à Marseille, une Société qui se propose notamment :

De faire auprès des autorités compétentes, les démarches nécessaires pour obtenir la protection efficace des intérêts qu'elle a mission de défendre, ainsi que les réformes et les modifications qui peuvent concourir à développer le commerce et l'industrie ;

De défendre ces intérêts dans leurs rapports avec les administrations publiques et avec toutes les Compagnies ou associations commerciales et industrielles.

Déjà il existe à Paris une chambre syndicale du transport, qui a accepté la tâche de protéger ceux qui l'ont instituée, contre les abus des chemins de fer.

On annonce comme devant paraître sous son patronage une brochure de M. Maurice Valette, intitulée : *Des transports à bon marché*, avec préface de M. Jules Brame, député du Nord, l'un des rares hommes qui, avec M. le baron de Janzé, ont osé attaquer à la tribune les agissements des Compagnies.

Cette brochure promet d'être intéressante si, du reste, comme on nous en donne avis, elle comprend les lettres sur l'exploitation du réseau français, qui jadis ont été insérées dans le journal l'*Epoque*. Patronner de semblables publications, n'est-ce pas les propager et, en les répandant dans le public, éclairer les masses et les mettre à même de connaître la vérité sur les chemins de fer?

En présence du laissez-faire que nous avons signalé du côté de ceux qui nous gouvernent et de l'impossibilité dans laquelle se trouvent le commerce et l'industrie, d'avoir raison des innombrables abus dont se rendent coupables les Compagnies, nous ne pouvons que féliciter les généreux citoyens qui, à Paris comme à Marseille, ont organisé la défense de leurs intérêts et l'ont concentrée en d'habiles mains. Puissent-ils trouver de nombreux imitateurs !

Parmi les manifestations du génie qui ont signalé le XIXe siècle, il n'en est pas de plus imposante et plus utile à la fois que l'invention des rail-ways ; il n'en est point de plus féconde en résultats politiques et sociaux que la création de ces voies, supérieures aux moyens de communication jusqu'alors connus.

Pourquoi faut-il que leur exploitation soit devenue une source de plaintes, un sujet de mécontentement de la part du commerce et de l'industrie parmi lesquels elle a établi de regrettables inégalités ?

A l'impossibilité d'entrer en concurrence avec les Compagnies, doivent être rapportés les abus qui découlent de leur monopole. « Une des plus grandes erreurs des socialistes, a dit Stuart Mill, est celle qui leur fait attribuer à la concurrence tous les maux de la société actuelle. »

Pourquoi faut-il que cette erreur soit passée chez nous à l'état de doctrine économique, de dogme et que le privilége ait envahi les grandes comme les petites exploitations ?

Mais le Pouvoir qui, dans une pure et bienveillante intention que nous devons respecter, a laissé faire, le Pouvoir désormais ne saurait rester sourd aux clameurs de la multitude, aux réclamations des mécontents.

Persévérer dans la voie qu'il a suivie, pendant ces vingt dernières années, serait impolitique au premier chef et ne tendrait à rien moins qu'à lui aliéner les sympathies des masses. Or, un gouvernement qui méconnaîtrait le prix de l'estime et de l'affection publiques, serait bien à plaindre !

Espérons qu'il saura tenir compte des avertissements qui lui sont venus d'en bas comme d'en haut, qu'il voudra organiser un contrôle sérieux et prendre des mesures pour sauvegarder les intérêts que les chemins de fer sont appelés à desservir.

Nous concluons à ce qu'il plaise aux Compagnies réviser leurs tarifs, réduire les taxes et, par une exploitation plus libérale à la fois et plus conforme aux besoins pour lesquels elles ont été instituées, donner à l'opinion publique une légitime satisfaction.

TABLE DES MATIÈRES

0002. — Imprimerie DUFOUR et Cᵉ, Boulevard Bonne-Nouvelle, 26.

Imprimerie DUFOUR et Cie, impasse Bonne-Nouvelle, 5.